HECATOMBE

Salomé Andrade Pohl

Título: Hecatombe

Autor: Salomé Andrade Pohl

Capa: Marisa Silva

1ª Edição, Julho de 2014

ISBN: 978-84-686-5396-9 ISBN digital: 978-84-686-5397-6

Editado por Bubok Publishing

Para o Frederik, Paulo e Filipe.

CAPÍTULO I - Seiva da Crise

Até mesmo o transeunte mais distraído teria percebido ao passar pelo Grande Hotel de Fijecas de Baixo que se estava ali a preparar alguma coisa importante. No parque de estacionamento exterior começavam a surgir veículos da comunicação social que indiciavam notícias prometedoras, através das grandes janelas do hotel era possível vislumbrar movimentações atarefadas na sala de conferências de imprensa e as bandeiras que decoravam a entrada confirmavam que no cerne daquele evento estava a empresa FijeLab - Laboratórios Farmacêuticos Fijequenses.

No entanto, nem mesmo o transeunte mais criativo poderia ter imaginado que aquela conferência de imprensa, que estava prestes a iniciar-se dentro de alguns momentos naquela cidade relativamente desconhecida da República do Purgalto, seria o catalisador de uma verdadeira hecatombe nacional. Rodolfo Guilhião, Presidente do Conselho de Administração da FijeLab, também estava muito longe de supor que a concretização daquele que tinha sido o seu sonho nos últimos dois anos poderia ter tais consequências.

Tudo tinha começado no dia em que os números oficiais da taxa de desemprego de Fijecas de Baixo acusaram níveis históricos acima dos 20%, não estando esta taxa absolutamente nada desfasada da realidade nacional do Purgalto. Aquela notícia no Correio de Fijecas, o jornal mais importante da cidade, tinha perturbado o Eng. Rodolfo. Não que não fosse previsível, dado o contexto económico e financeiro que se vivia no país, mas a concretização de um facto continuará sempre a ser mais impactante do que a certeza de que ele irá ter lugar, mesmo quando essa certeza é quase absoluta. Foi por isso que depois de ler aquela notícia perturbadora o Eng. se forçou a encontrar uma solução, uma ideia brilhante que pudesse contribuir para reverter aquele lamaçal económico e financeiro em que se encontrava a sua cidade Natal, ideia essa que o conduzia agora, dois anos depois, àquela conferência de imprensa no Grande Hotel de Fijecas de Baixo.

O Eng. Rodolfo subiu ao púlpito emocionado pelo que estava prestes a revelar, mas também nervoso pelo mediatismo a que estava exposto e que lhe era pouco familiar.

Começou por comunicar aos senhores jornalistas que a FijeLab acabava de lançar no mercado uma seiva que se apropriava aos tempos de crise que se viviam por todo o mundo e muito particularmente no Purgalto. A Seiva da Crise, assim se chamava, era 100% constituída por nutrientes biológicos produzidos em Fijecas de Baixo em cooperação com os agricultores e latifundiários locais. Em fase de lançamento estava a ser produzida já em cinco sabores alternativos, prevendo-se uma expansão de três adicionais até ao final do ano. Era uma oportunidade única de criar emprego na cidade e diminuir a dramática taxa de desemprego que afectava a região.

A seiva adequava-se aos orçamentos limitados dos purgaltenses pois era multifuncional e beneficiava os consumidores numa série de aspectos.

Em primeiro lugar, estimava-se que o consumo da seiva permitisse reduzir até 70% a ingestão de alimentos, o que se tornava numa poupança substancial para o agregado familiar purgaltense.

Em segundo lugar, os nutrientes incluídos na seiva eram precisamente aqueles que mais faltavam aos agregados familiares com disponibilidades financeiras mais limitadas. Proteínas, fibras e vitaminas eram as principais componentes. O Eng. remeteu para uma estatística nacional que mostrava um aumento preocupante do consumo de papas e farináceos de qualidade baixa, que como se sabia era um sinal manifesto do crescimento galopante da pobreza no país. Com a seiva seria possível compensar estas evidentes falhas alimentícias dos purgaltenses.

Para além disso, os testes realizados ao produto tinham demonstrado alguns efeitos colaterais positivos que podiam também ser vantajosos para os consumidores.

Um desses efeitos era a tendência para reduzir substancialmente o número de horas passadas a dormir. Tinha-se constatado que os consumidores da seiva podiam restabelecer as suas energias com menos horas de sono, estimando-se que quatro horas pudesse ser quanto bastava para estar apto a iniciar um novo dia. Ora isto apresentava potencialidades inesgotáveis para toda a gente. Por exemplo, dedicar mais tempo à família, particularmente importante para os que estavam ainda empregados e sentiam uma certa pressão para trabalhar mais tempo desde que se estava em crise e se vivia sob a ameaça velada de a qualquer momento ficar desempregado. Uma outra possibilidade era investir este tempo adicional no sentido de aumentar o rendimento disponível, acumulando um segundo ou até mesmo um terceiro emprego. Depois havia ainda a possibilidade de aprender uma língua estrangeira, particularmente importante no caso dos desempregados de longa duração para os quais a hipótese de emigrar se tornava a cada dia que passava uma hipótese cada vez mais real.

A seiva tinha ainda a vantagem de contribuir positivamente para a boa-disposição dos consumidores pois combinava uma série de nutrientes que provocam um aumento da serotonina, uma molécula que deixa as pessoas mais felizes.

Finalmente o Eng. informou a comunicação social de que a FijeLab iria comercializar a seiva sem fins lucrativos, tratando-se de uma iniciativa absolutamente inédita, o primeiro Pro Bono da história da indústria farmacêutica, o que deixou os senhores jornalistas algo confusos, pois uma frase contendo as expressões "sem fins lucrativos" e "indústria farmacêutica" nunca se tinha ouvido antes.

Quando questionado sobre se estava prevista uma expansão internacional da seiva, o Eng. Rodolfo confirmou que numa primeira fase a seiva seria exclusivamente comercializada no Purgalto. Numa segunda fase previa-se a expansão internacional da seiva, em especial em todos os mercados enrascados, ou seja os países que estavam sob a intervenção da equipa R.A.S.C.A (Rescue Agreement Support for Controled Administration). Daí a importância determinante desta iniciativa. A seiva contribuiria também para impulsionar as exportações do país.

Uma das jornalistas que se encontrava na primeira fila tomou a palavra para questionar o Sr. Eng. sobre as consequências daquela iniciativa, no que à concorrência respeitava. Ainda que a seiva viesse a provocar um aumento do emprego a nível local conduziria, em contrapartida, a uma redução da procura de alimentos nos supermercados e grandes superfícies da zona, podendo ter no cômputo geral um efeito negativo na produção nacional.

O Eng. replicou que era muito raro encontrar produtos de origem nacional nos referidos estabelecimentos, pelo que, quando muito, poderia haver uma diminuição da procura e respectivamente do consumo de bens importados, o que lhe parecia até uma coisa positiva e necessária.

Um outro jornalista questionou o Eng. Rodolfo sobre a origem daquela ideia, que tipo de critérios tinham sido tomados em consideração para tomar a decisão de produzir aquela seiva. O Eng. explicou que aquele produto apresentava uma dupla vantagem, por um lado diminuía a taxa de desemprego da região, por outro contribuía para uma melhoria das condições de vida dos purgaltenses naquele contexto de crise. Estes dois pressupostos tinham sido os que, em última instância, tinham decidido o tipo de produto a desenvolver.

CAPÍTULO II - Uma questão de prescrição

Noémia entrou no edifício da Câmara Municipal com o seu habitual ar de desembaraço, ignorando que existia um mundo e gente à sua volta. Noémia era por si só um portento da natureza. Não é que fosse muito alta, mas tinha um porte absolutamente dominante, o que a tornava uma vencedora nata.

A Sra. Presidente já vai recebê-la, Dra. Noémia.

Noémia não gostava lá muito de esperar. Mas, a ter que esperar por alguém, que fosse pela Presidente da Câmara Municipal fijequense.

A porta abriu-se e apareceu Odete. Cumprimentaram-se.

Já cá estás há muito?

Cheguei mesmo agora.

Senta-te por favor, disse-lhe Odete enquanto se deixava também ela cair numa das poltronas de pele castanha da sua sala de reuniões. Que dia de loucos, desabafou. Esta ralé de funcionários que me rodeia há-de levar-me à loucura. Imagina lá tu que descobrimos que o roubo de consumíveis tem aumentado estupidamente nos últimos tempos. Os gastos são absolutamente incomportáveis!

Roubo de consumíveis? De quê?

De tudo, absolutamente tudo: material de escritório, canetas, cadernos, pacotinhos de açucar, papel higiénico...A ralé rouba tudo, tudo.

Papel higiénico?

Claro, as pessoas roubam tudo o que puderem usar em casa para poupar. Isto é insustentável, insustentável! Sabes qual é o consumo médio de papel higiénico por dia nesta Câmara? 2500 rolos...2500 para 2000 funcionários. Isto não pode ser. Isto dá mais de um rolo por dia por funcionário. É roubo, as pessoas não têm respeito pelo erário público.

Tens de tomar medidas, sem dúvida. A arrogância do povaréu é demais.

Já as tomei. A partir de agora, não há mais papel higiénico nas casas de banho. Quem precisar de papel higiénico tem de ir primeiro à secção de pessoal, preencher um formulário e requisitar um rolo que terá de durar para um mês. Se antes de decorrido esse mês o rolo acabar, azar. Que tragam de casa. Era o que mais faltava, não? O país em crise e a ralé a roubar à grande e à francesa, replicou Odete enquanto abria uma garrafa de vinho do Purgalto. Bem, falemos de coisas importantes, como é que nos vamos safar da próxima audiência?

É muito simples. Eu vou apresentar um novo pedido de adiamento de julgamento.

Com base em quê desta vez?

Há várias possibilidades. Não sei se hei-de alegar novamente uma questão processual qualquer, se hei-de pedir que sejam ouvidas testemunhas adicionais ou se te hei-de pôr gravemente doente no dia, impossibilitada de compareceres. O que é que tu achas?

O que tu achares melhor. Mas não me dava jeito nenhum ficar doente porque tenho bilhetes para o teatro nesse dia.

Não nos podemos dar ao luxo de cometer erros. Não te esqueças que temos aquele anormal do Zé Lobo Correia à perna. Já viste a notícia que o idiota escreveu hoje de manhã sobre o caso?

Noémia puxou de um conhecido jornal de tiragem diária onde se podia ler a seguinte notícia:

No próximo mês de Junho terá lugar no Tribunal da Comarca de Fijecas de Baixo mais uma sessão do julgamento de Odete Silva, Presidente da Autarquia da mesma cidade, acusada de crime de corrupção relativo à aquisição de cinquenta barcos de recreio com função de submersão à empresa Barcostal. A Presidente da Câmara terá alegadamente recebido contrapartidas monetárias no valor de um milhão de Euronuts para a concretização do negócio que custou cerca de cinco milhões aos cofres da Autarquia.

As suspeitas de corrupção surgiram após uma análise técnica que veio demonstrar que o Lago Fijequense, para onde os barcos estavam destinados, não tinha nem profundidade suficiente que permitisse a utilização de barcos com função de submersão nem dimensão que justificasse a aquisição de um número tão elevado de unidades.

O presente julgamento arrasta-se há cerca de sete anos. Quando questionado sobre a possibilidade de mais um adiamento, o Delegado do Ministério Público informou que não é de esperar que a advogada de acusação, Noémia Pintado, proceda a um pedido de adiamento, uma vez que não existem fundamentos legais para o mesmo e todas as possibilidades que podem ter justificação jurídica para adiamento foram já usadas em sete das dez sessões anteriores.

O alegado crime de corrupção reporta a 1999, pelo que, na eventualidade de um novo adiamento, poderá prescrever....

Este palerma não tem mais casos de julgamento sobre que escrever? O que não falta para aí é material...

É um facto. No entanto, tu não podes expor-te, até porque sabes tão bem quanto eu que se o Delegado do Ministério Público não fosse o pateta que é, muito provavelmente já teria descoberto a conta onde o dinheiro foi parar. Foi um grande descuido teu.

Eu sei...mas isso só aconteceu porque eu estava cheia de trabalho. Se não fosse o meu excesso de zelo no trabalho, eu tinha conseguido ter tempo para tratar da questão do dinheiro com calma. Ainda tem o povaréu a lata de falar mal dos políticos. Repara que uma pessoa até prejudica a sua vida pessoal em prol da causa pública.

Absolutamente. Já para não falar do sofrimento durante as campanhas eleitorais.

Nem digas nada. Sabes quantos beijinhos é que eu já dei a velhotas fijequenses mal-cheirosas durante as campanhas? Uma vez até apanhei com uma dentadura nas bochechas que me lixei. Um horror...E abraços e cumprimentos de mão e um sem número de perdigotos. Enfim, verdadeiros atentados à nossa saúde.

Por isso é que essas pequenas compensações financeiras são mais do que merecidas.

Completamente, não há dinheiro que pague o risco deste contacto com a ralé. No meio de tanto beijinho apanhar um vírus ou um cancro é um instantinho.

Como é que vai ser na próxima campanha?

Odete mexeu-se de forma nervosa na poltrona e serviu-se de mais um cálice de vinho do Purgalto.

Um ultraje, é o que é. Soube por fonte segura que aquele fuinha não me quer como candidata nas próximas eleições.

Não é de admirar...como é que diz o ditado "quem não está por mim está contra mim"?

Uma jogada infeliz...tudo apontava para que o outro anormal ganhasse as eleições para Secretário-Geral do Partido. Se ele tivesse feito bem o seu trabalho não estaria eu agora aqui a braços com a situação de ter de me candidatar como independente.

Apostaste no cavalo errado. Acontece.

No caso daqueles dois acho que o termo cavalgadura se aplica melhor. Apostei na cavalgadura errada.

Vai custar-te uma pipa de massa ires como independente...

Ainda tenho esperança de que não seja só a minha massa. Talvez haja para aí uma cavalgadura qualquer que esteja disposta a apostar em mim...

Noémia deu uma gargalhada e apreciou o sentido de humor de Odete que, mesmo em condições adversas, tinha o seu quê de refinado.

Vai ser difícil, continuou Odete. Isto está muito mau. Os meus amigos construtores estão quase todos a *dar o berro*. Talvez o Castro. Mas sei muito bem que nunca estaremos a falar de um milhão. Umas poucas centenas de milhares e já estou com sorte.

Mas o Castro é bastante exigente, não é?

Pois é, ele tem uma série de outras empresas para além da construção e era preciso pô-las a fornecer para a Câmara.

Que tipo de outros negócios é que ele tem?

Tem uma empresa de sinais de trânsito...isso resolvia-se, era reorganizar o trânsito do concelho e justificar a encomenda duns milhares de sinais...

Ele não tinha também qualquer coisa com fardas?

Sim, também tem. Isso também não seria problemático, arranjava-se maneira de fazer umas encomendas valentes.

E então, qual é o problema?

Ó pá, é o filho dele! Se eu ganhasse tinha que dar ao filho o cargo de Vice-Presidente da Câmara e o gajo é mesmo insuportável.

Quanto é que se pode gastar numa campanha destas?

Depende de muitos factores, da quantidade de *outdoors* que queres ter, do tipo de brindes que dás...

Compreendo...canetas são mais baratas do que micro-ondas, por exemplo.

Ou frigoríficos ou máquinas de lavar. Ganhar eleições a dar máquinas de lavar ao povaréu até pode ser relativamente fácil, mas é caro. Mas lembrei-me de um outro possível patrocinador, uma alternativa remota é certo, mas...

Então?

O Sr. Engenheiro Rodolfo Guilhião.

Não?! Estás a brincar, não estás?

De todo, disse Odete enquanto apreciava mais um gole de vinho doce do Purgalto.

Mas como é que tu pensas convencê-lo a investir na tua campanha eleitoral?

Vai ser um caso bicudo, vai.

O homem é absolutamente incorruptível.

É um facto, a integridade do homem é bem conhecida. Tal como o seu amor a Fijecas de Baixo. Talvez isso possa funcionar a meu favor.

Noémia estava tão impressionada com estas revelações surpreendentes de Odete que até ela, que nunca bebia, precisou de um cálice de vinho do Purgalto para recuperar de tais informações.

Bem, se tu conseguisses perverter o Eng. Rodolfo, era um feito. Eu diria, um feito histórico.

Quem falou em perverter? Eu só tenho que o convencer que sou melhor candidata que os outros.

Tu? Com um processo de corrupção às costas?

Alegadamente.

Noémia riu-se e esvaziou o cálice.

Tudo é possível minha cara, continuou Odete. No que respeita a eleições autárquicas não há nada que não se resolva. Se os meus amiguinhos se conseguem candidatar com mais de três mandatos, eu também sou capaz de encontrar um patrocinador.

É isso que eu adoro na justiça. É que ela é cega, mas se lhe tirarmos a venda na direcção certa podemos sempre fazê-la ver qualquer coisinha. É por isso que eu acho que o papel do advogado é dos mais caridosos que há, o de dar vistas a uma ceguinha.

Às vezes tenho dificuldade em saber qual de nós as duas será mais pérfida, comentou Odete.

Noémia riu-se e retorquiu:

O que importa é que jogamos na mesma Liga. Eu à defesa e tu como avançado, que te parece?

Parece-me muito bem e no meu papel de goleadora a minha preocupação do momento é, por assim dizer, golear o Eng. Rodolfo.

Bem, eu estou em pulgas para ver no que isso vai dar. Tu já iniciaste diligências?

Pode dizer-se que sim. Afinal eu sou uma das primeiras pessoas com quem o Sr. Eng. partilhou o seu grande sonho daquela coisa da seiva.

E então?

E então para já só recebi amostras grátis do produto. Quinze frascos.

Mas isto que é?, perguntou Noémia enquanto passava os olhos pelo folheto do produto.

Isto é um projecto de longa data do Sr. Eng. Basicamente isto é uma seiva que ajuda o povo a contornar a crise.

Dispensa comida, horas de sono? Isto fará emagrecer?

As preocupações de Noémia com o peso eram sobejamente conhecidas. Já tinha tentado de tudo, mas acabava sempre por voltar a recuperar aqueles quilitos indesejáveis que a faziam sentir-se uma pequena elefanta.

Deve fazer. Isto é uma doideira, se queres que te diga.

Importas-te que leve uns frascos para casa? Para experimentar. A ver se isto funciona.

Por mim, podes levá-los a todos.

Esta conversa de perder peso até já me abriu o apetite. E se fossemos almoçar?

Vamos, vamos, respondeu Odete. Não é que tenha fome, mas já bebia qualquer coisa.

CAPÍTULO III – Uma ideia à estrangeiro

José Lobo Correia olhou para o homem sentado à frente dele com alguma incredulidade.

Você acha que isso vai funcionar?

Mário Silva acenou que sim com a cabeça e replicou que era preciso ser arrojado para conseguir um bom *rating* e aspirar a um financiamento em grande escala nos mercados internacionais.

Mas abóboras? Você não acha isso um pouco fora do comum?

Pois é precisamente nessa originalidade que reside o potencial da sua ideia, compreende?

Lobo Correia não podia concordar inteiramente que aquela fosse uma ideia sua. Na génese de tudo aquilo tinha estado o Costa, o seu grande amigo de longa data. Angustiava-o pensar que no momento nada sabia do amigo, nem sequer o seu paradeiro. Tinham-se separado em maus termos há coisa de três meses e desde então nunca mais se falaram.

Não sei, replicou José, a ideia do Costa não era essa, era plantar morangos.

O outro fez um gesto de alguma exasperação.

Ouça, essa ideia dos morangos é para esquecer. Isso não é inédito. Abóboras! Ouça o que lhe digo, vá pelas abóboras e vai ver que o Triplo A está garantido.

Lobo Correia pensou que aquele homem devia saber do que falava. Afinal, ele era o famoso Mário Silva, sócio do ainda mais famoso Arnaldo Pacheco, ambos detentores da S&P, Silva e Pacheco - Sociedade de Rating.

O Pacheco e o Silva eram verdadeiras sumidades. Pelo menos era o que dizia o Meireles. Não que Lobo Correia pudesse avaliar isso por si próprio. Ele estava muito longe de perceber o que é que era essa coisa da economia financeira. Bem se esforçava por indagar junto dos seus colegas jornalistas que se ocupavam com essas temáticas de economia e finanças, mas continuava sem perceber muito bem o verdadeiro alcance daqueles jargões lá dos *ratings*, da confiança nos mercados e afins. Por isso pediu ajuda ao Meireles. O Meireles também pertencia ao rol de sumidades purgaltenses. Era director de informação, escritor, comentador e analista, enfim era uma figura pública que emanava um saber polivalente sobre os diversos aspectos da vida política, económica e social. E opinava também sobre essa coisa dos mercados.

Ó pá, tu precisas é do aconselhamento de uma agência de *rating*!

Mas essas agências não existem só lá fora?

Mas agora também há uma no Purgalto, em Fijecas de Baixo. É a primeira agência de notação aqui da região.Tipos brilhantes, brilhantes. Trabalharam um tempo naquela agência muito conhecida, a "Not in the Mood", mas são purgaltenses e vieram para cá. Tipos geniais. Absolutamente geniais.

Duas semanas volvidas estava agora Lobo Correia perante Mário Silva, um dos sócios. Também ele cotava no rol de sumidades pelo menos com um AAA.

Não sei, custa-me desvirtuar a ideia do Costa. O que ele queria era plantar morangos em aeroponia, a tal coisa das plantações no ar.

O outro pousou o café e disse:

Ouça, essa ideia não é boa. Desde logo não é inédita, já há para aí um tipo qualquer que anda há uns anos a plantar morangos no ar. Escute o que lhe digo, abóboras. Você tem de decidir de uma vez por todas se quer pensar como um purgaltense ou como um estrangeiro. É tão simples quanto isso. Plantar morangos no ar é coisa de purgaltense, percebe? Já plantar abóboras no ar, isso é coisa de estrangeiro.

Lobo Correia sentia-se algo apreensivo em formular a questão que lhe assolava a mente.

E a força da gravidade? Você não acha que as abóboras podem cair ao chão?

O outro deu uma gargalhada sonora. Lobo Correia sentiu-se vexado e pensou que devia ter ficado calado.

Ouça, você é claramente inexperiente nestas matérias. Mas não se preocupe porque eu não o levo a mal nem me ofendo com perguntas inocentes como a sua. Você compreende que esses pormenores são irrelevantes, não compreende? Se você quer entrar à séria nisto tem que deixar de ter esses medos e evitar que pormenores irrelevantes afectem a visão que você tem para a sua empresa. Se você quer um Triplo A, você tem que plantar abóboras no ar.

****

José Lobo Correia só queria fazer o mais acertado para acalmar a culpa que o consumia desde que se tinha chateado com o Costa. Não podia deixar de pensar que tinha sido demasiado severo com aquela história toda. A esta hora sabe-se lá por onde ele andaria. José tinha-lhe perdido o rasto depois da zanga, ainda indagou junto da mãe do Costa mas não conseguiu apurar nada de detalhado, a não ser que o amigo tinha emigrado para trabalhar num projecto qualquer relacionado com tomateiros, mas a mãe nem sequer o nome do país lhe sabia dizer.

O Costa tinha tido desde pequeno o sonho de ser lavrador e revolucionar a agricultura purgaltense. Enquanto os outros miúdos pediam aos pais carrinhos para brincar e bolas de futebol, o Costa adorava receber foices, enxadas e livros sobre agricultura. O seu quarto estava cheio de vasos de tamanhos diversos com plantações esotéricas, estufas onde se desenvolviam experiências estrambólicas e por cima da cama havia até uma foto da primeira batata que ele tinha conseguido produzir sozinho.

Lobo Correia ainda se lembrava da primeira vez que o Costa lhe tinha explicado essa coisa das plantações no ar, plantações em aeroponia. Eram plantações que não necessitavam de terra para crescerem. Eram muito eficientes, os custos de produção eram mais baixos e o potencial de unidades produzidas muito mais alto.

Agora esses anos onde os dois divagavam sobre a Tasca da Feijoca (assim era o nome temporário com que tinham baptizado a futura empresa do Costa), pareciam-lhe muito distantes e era com um certo embargo que os recordava.

O Costa era o seu melhor amigo. Tinham-se conhecido no primeiro ano do liceu.

Com as suas experiências agrícolas, o quarto pejado de sementes e um estilo de quem vive no seu próprio mundo e está a borrifar-se para convencionalidades, não era lá muito comum que o Costa fizesse amigos facilmente. Aliás, até conhecer o Zé, não se podia dizer que o Costa tivesse realmente amigos. Tinha primos. Primos que, na maior parte das vezes, o olhavam como o esquisitóide da família. Ao Zé, no entanto, as excentricidades do Costa não perturbavam. Muito pelo contrário. O Zé admirava-lhe aquela sinceridade natural de quem simplesmente vive a vida, sem se esforçar por ser igual ou diferente. Aquela naturalidade do Costa fazia-lhe muito bem, talvez porque Lobo Correia tivesse vivido toda a vida numa família onde só as aparências contavam.

A zanga tinha sido feia. Na origem da contenda tinha estado um comentário absurdo do pai do Zé. O pai Lobo Correia era um cardiologista de renome cujo único sonho na vida era que a sua cria se transformasse num médico como ele e pudesse alcançar assim o honroso objectivo de ser a quarta geração de cardiologistas Lobo Correia. É claro que o pai era bastante flexível, pelo que nunca tinha exigido ao filho que seguisse obrigatoriamente a especialidade de cardiologia. Cirurgia ou ortopedia eram alternativas aceitáveis. Não era, por isso, de admirar que tivesse tido praticamente um enfarte quando o filho lhe comunicou que afinal o que queria era estudar "ciências da comunicação". A juntar ao filho, que considerava praticamente um falhado, apesar de ter sido um aluno brilhante na faculdade e provar a cada dia que passava ser um jornalista de igual mérito, ainda havia o Costa, que na sua opinião era um falhado ainda em maior escala. O Costa tinha um negócio de culturas alternativas que estava com dificuldade em proliferar, em muito devido à política da equipa R.A.S.C.A., a que o país estava sujeito.

No dia em questão, o pai Lobo Correia e o Costa estavam numa discussão acesa sobre a situação do país. O Zé estava a ver que a coisa podia dar para o torto e tentava ir pondo água na fervura a ver se os dois acabavam com a conversa. Mas o diálogo era impenetrável.

Ó Costa, por favor não me venha com lamechices, a situação purgaltense é dramática. O governo tem de cortar nos rendimentos dos particulares e das empresas porque é única solução para controlarmos o défice.

Mas eu penso que ninguém discorda que é preciso solucionar o problema. A questão está em como fazê-lo. Já se viu que a fórmula de simplesmente aumentar impostos consecutivamente não funciona.

Mas não se pode fazer de outra maneira. Essa coisa de cortar na despesa do Estado não resulta porque o Estado sustenta um emaranhado de empresas que sem o cliente Estado faliriam imediatamente e levavam ao desemprego uma data de gente. Ou seja, seria ainda mais gravoso do que o que fizeram até agora.

Sr. Dr., muitas das empresas que o Estado sustenta são verdadeiros sorvedores de dinheiro que em muito pouco contribuem para o bem-estar da população. Até se poderia perceber o seu argumento se pelo menos essas empresas fossem viáveis e uma mais-valia para a sociedade purgaltense.

E por sociedade purgaltense, você entende o quê? O povinho incauto, é isso?

Era incrível como um homem que se ocupava diariamente com ventrículos, aurículas e aortas pudesse ter tanta falta de coração, pensou o Costa.

Toda a gente, desde o povinho incauto, como o Sr. Dr. lhe chama, até à mais culta personalidade do nosso país.

Temos de nos deixar de pieguices, Costa. A maior parte das pessoas que está a sofrer com estas medidas é gente medíocre, gente que não teria trabalho em qualquer caso porque sempre se habituou a viver à custa de subsídios.

Infelizmente isso não é verdade, Sr. Dr. Há muito que esta crise deixou de afectar apenas os ociosos do nosso país. O que temos hoje é uma proliferação de miséria e falta de perspectivas por diversas franjas da sociedade.

Sabe qual é o maior problema do nosso país, Costa? São as manias de grandeza. O povo tem de se habituar a deixar-se disso.

Manias de grandeza, Sr. Dr.? Talvez o Sr. Dr. não saiba mas o resto do mundo não vive na sumptuosidade a que o Sr. está habituado.

Não é sumptuosidade, é merecimento. Eu sou um cardiologista de renome, trabalhei para isso.

Concerteza que sim, Sr. Dr., tal como muitas outras pessoas trabalharam para ter uma profissão e agora estão no desemprego, não por culpa própria, mas como consequência de uma política absurda que não leva a coisa nenhuma, a não ser ao empobrecimento geral da população.

E se isso for preciso para salvar o país da bancarrota, então que seja.

Acho muito bem esse seu pensamento, Sr. Dr. Talvez o Sr. possa dar o exemplo, começando por prescindir de um dos seus empregos. Não é verdade que o Sr. é médico no hospital público e para além disso também tem uma clínica privada? O que lhe parece contribuir para a salvação nacional dando o seu lugar na função pública a outro colega?

Você é um demagogo, Costa.

E você é um arrogante, Sr. Dr.

Embora Zé Correia não concordasse com os pontos de vista do pai, aquela atitude do Costa desagradou-lhe e os dois amigos separaram-se em maus termos. Pouco tempo depois, veio a saber que o amigo tinha declarado insolvência e emigrado.

Lobo Correia não podia permitir que o sonho do Costa acabasse daquela maneira. Juntou o que tinha e o que não tinha para comprar a empresa insolvente do Costa sem que este o soubesse e estava a fazer o que podia para recuperar o sonho do seu velho amigo.

CAPÍTULO IV – Sonho

Pontualmente às 14h30m daquela tarde de terça-feira estava Odete regressada da sua pausa de almoço e pronta para receber a visita do Sr. Eng. Rodolfo. Aquele telefonema matinal dele tinha-lhe trazido um novo alento ao dia. Ele pretendia visitá-la na Câmara Municipal e contar-lhe os bons progressos da Seiva da Crise.

Ter sido preterida pelo Secretário-Geral do Partido como candidata autárquica tinha transtornado Odete muito mais do que aquilo que qualquer pessoa poderia imaginar. Acatar a decisão do partido era uma humilhação inaceitável, candidatar-se como independente era iniciar uma guerra aberta, o que podia arruinar-lhe totalmente a carreira política. Uma jogada difícil mas não tinha outra escolha. Se não ousasse candidatar-se como independente, o Zeca Seguros ia arrumá-la a um canto à espera de melhores dias.

O facto do Sr. Eng. Rodolfo querer falar com ela era bastante positivo e talvez pudesse significar que havia, afinal, luz ao fundo do túnel, que é como quem diz, um financiamento mais ou menos chorudo para a sua candidatura como independente.

O Eng. entrou pelo gabinete dela adentro com mais uns quantos frascos de Seiva da Crise e Odete perguntou-se quanta seiva é que aquele homem acharia que uma pessoa era capaz de tomar num espaço tão curto de tempo.

Trouxe-lhe mais uns quantos sabores da Seiva da Crise. São sabores novos, disse ele entusiasmadíssimo, enquanto lhe mostrava as novas variedades que tinha consigo.

Odete agradeceu e pensou que Noémia ia adorar receber mais um fornecimento daquele elixir milagroso. Ainda no dia anterior a amiga lhe tinha ligado a contar como a seiva a tinha feito perder já cinco quilos e a pedir-lhe se era possível meter uma cunha ao Eng. para lhe arranjar mais, pois não conseguia comprar nada, nem em supermercados nem em farmácias. Estava tudo esgotado.

Como corre tudo, Sr. Eng.? Parece que muito bem, não é? Consta que as primeiras remessas da Seiva da Crise esgotaram em muito poucas horas. Foi mesmo assim?

Rodolfo tinha um sorriso pueril estampado na cara e os olhos expressivos também pareciam sorrir, tal era o entusiasmo que aquele mecenas fijequense tinha por aquele projecto.

Completamente, Sra. Presidente! Estamos a ter um sucesso estrondoso, ultrapassou largamente as nossas expectativas. Estamos a produzir unidades adicionais em grande quantidade pois a procura é enorme e os stocks estão esgotados em todos os canais de venda do produto.

Mas que boas notícias, fingiu Odete, como se se interessasse realmente pelo tema.

Sabe, Sra. Presidente, este tema é-me muito querido, continuou Rodolfo emocionado. Poder contribuir para tirar o meu país, e muito em particular a minha cidade, deste caos financeiro é um orgulho para mim.

A Odete aquela emoção toda causava alguma perturbação. O homem era um palerma do mais alto calibre. Ela não tinha realmente interesse nenhum em ouvir mais nada sobre aquela porcaria a que toda a gente na comunicação social começava a designar de milagre económico de Fijecas de Baixo. Aquilo parecia-lhe uma coisa totalmente anti-natural.

Odete apreciava comida sólida, aquele disparate seivoso era-lhe repugnante. Mas havia que pensar no financiamento da sua candidatura. Por isso, foi com um sorriso de orelha a orelha que questionou o Sr. Eng. sobre como lhe tinha ocorrido aquela ideia absolutamente brilhante.

Rodolfo rasgou ainda mais o sorriso e Odete temeu que aquela conversa se pudesse prolongar por largas horas, tal era o embevecimento do homem.

Tudo começou com uma revelação divina por parte do Anjo Gabriel, Sra. Presidente.

Mau, o homem não tem os parafusos todos no sítio, pensou Odete enquanto forçava uma expressão de surpresa e simultaneamente interesse por aquela enormidade que ele tinha acabado de proferir.

Rodolfo continuou a sua narrativa, explicando a Odete que a solução para a crise se lhe tinha apresentado numa espécie de sonho e, embora ele não tivesse divulgado esse facto na comunicação social, estava convencido de que se tinha tratado de um verdadeiro milagre. No dia em questão, Rodolfo despertou com aquilo que aparentemente pensou ser uma necessidade fisiológica mas afinal não, não era um chichizinho nocturno o que lhe importunava o sono, mas sim o Anjo Gabriel. O dito pairava junto da porta do quarto, cândido em vestes celestiais e irradiando luz, mas não uma luz ofuscante, antes um aluminar discreto, o que faria qualquer pessoa, de ateu a devoto fervoroso, pensar que mesmo nos reinos do divino havia medidas de contenção de custos. Rodolfo, que era um homem deveras religioso e crente, que contava com quatro sacramentos a confirmarem-lhe a profundidade da fé, reconheceu imediatamente naquele anjo belíssimo, apesar de algo idoso e um tanto ao quanto obscuro, o mesmo que tinha aparecido havia 2000 anos à Nossa Senhora do Purgalto. Gabriel, és tu? Como o anjo não respondesse insistiu o senhor engenheiro. Gabriel? Gabriel? E Rodolfo aventurava-se agora a tocar-lhe nas vestes celestais a ver se era desta que o anjo acordava. Gabriel? Ao fim de uns quantos segundos lá se despertava o anjo do seu torpor de ancestral. Venho anunciar-te uma boa nova. Uma boa nova? A mim, Gabriel? Medo. Estaria grávido? Disparate. Os homens não podem engravidar. Bem, bem, as virgens também não podiam e foi o que se viu, ou melhor, não se viu, quer dizer a gente acredita que alguém terá visto. Rodolfo, acredita em ti. As tuas preces têm sido ouvidas, procura dentro de ti e hás-de encontrar a resposta ao que pretendes.

Silêncio. Rodolfo aguardava que aquelas palavras surtissem efeito no espírito de Odete.

Mas ela, que não era dada a sonhos e muito menos a sonhos de natureza divina, debatia-se com aquela imagem perturbadora de um anjo a cair de maduro encostado à porta do quarto a vir revelar coisas enigmáticas daquelas a meio da noite. Ninguém diga que está bem. Já uma pessoa não pode estar a dormir descansada em casa, aparecer-nos assim um anjo pelo umbral da porta é demais. O engenheiro olhava-a com uns olhitos ansiosos como quem está à espera de uma reacção à altura daquelas revelações divinas. Cabia-lhe responder. Que se poderia dizer de tudo aquilo? Proferiu a única coisa que lhe ocorreu.

Interessante, Sr. Eng. Muito interessante.

Não tendo estas palavras acalmado a ansiedade do olhar de Rodolfo, viu-se Odete encurralada numa fluência de linguagem que lhe estava agora a faltar.

O Sr. Eng. que desculpasse, que não se esquecesse do ponto da narrativa onde estava, não fosse o anjo cair ao chão. Precisava de ir dar um recado rápido à secretária. Esgueirou-se para a sua antessala e emborcou logo ali um quarto de garrafa de vinho do Purgalto. E enquanto retornava à sala perguntava-se se não seria melhor aturar o filho do Castro como Vice-Presidente a ter que ouvir aquelas besteiradas da boca daquele perfeito anormal.

Mas foi também o Anjo quem lhe revelou a fórmula da Seiva da Crise?, perguntou ela à falta de outro comentário adequado, pois a única coisa que lhe ocorria era gritar alto e bom som que ele estava tolinho de todo.

Não, não, à fórmula cheguei por mim. Sabe, depois de o Anjo me ter visitado eu senti-me capaz de dar azo às minhas ideias. Peguei nos antigos diários do meu avô, que sempre me acompanharam nos momentos críticos da minha vida, e recolhi-me na nossa cabana em Sanguelhas da Abada. E por ali fiquei cerca de uma semana.

Odete estava pasmada com aquela revelação. Ela conhecia bem a cabana à qual ele se referia. Era um tugúrio que não tinha luz, nem água, nem saneamento em condições. Ela nem queria pensar em que estado é que aquele homem, normalmente tão apresentável, tinha regressado a casa. Não admirava que dali tivesse surgido uma ideia tão tresloucada. Ao fim de uma semana naquele palheiro era natural que o Eng. só tivesse ideias disparatadas como aquela.

Na verdade, estou até em crer que devo esta fórmula ao meu avô.

O avô de Rodolfo Guilhião tinha sido uma personagem importante da história de Fijecas. Era um homem simples, honesto e extremamente empreendedor. Foi ele quem fundou a FijeLab, empresa que ainda hoje continuava a ser uma das poucas que garantia emprego na cidade. A ele se deviam também várias iniciativas de cariz social que se estendiam a todo o concelho e que tinham sido extremamente relevantes em vários momentos difíceis do passado dos fijequenses. Era por tudo isso que a cidade o tinha homenageado denominando o Jardim Municipal de Jardim Afonso Guilhião, no qual tinha sido posteriormente colocado um busto que representava o progenitor de Rodolfo. Muitos anos mais tarde, quando a avó de Rodolfo faleceu, o avô acabou por morrer também, ainda que o coração lhe tivesse continuado a bater no peito ainda durante alguns anos. O homem, anteriormente tão vivo e empreendedor, transformou-se num misantropo que não podendo lidar mais com a tristeza que a ausência da mulher lhe provocava, acabou por se isolar numa cabana. Toda a gente na cidade pensou que Afonso Guilhião tinha enlouquecido. Uns atribuíram aquela misantropia a uma certa senilidade própria da idade avançada. Outros, mais românticos, sabiam que aquela melancolia profunda tinha uma única origem, os males, neste caso irreparáveis, do coração. Foi durante esses anos que Afonso escreveu os diários que acabariam por inspirar o seu único neto.

Os diários do seu avô ajudaram-no a chegar à fórmula da seiva?, acabou por perguntar Odete.

Estou convencido que sim. Ler os diários do meu avô é como tê-lo ao pé de mim, compreende? E o meu avô sempre foi a minha grande inspiração, o meu ídolo.

Odete pensou que Rodolfo Guilhião era mesmo apatetado de todo. Era impossível ficar indiferente àquele homem e aos disparates atoleimados que ele deitava pela boca fora. Até já se estava a sentir maldisposta com aquelas conversas parvas sobre anjos, cabanas e seivas. Que homem era aquele? Aquilo tudo estava a provocar-lhe uns calores insuportáveis. Devia ser uma carga de nervos das valentes. Precisava urgentemente de uma garrafa de vinho do Purgalto.

CAPÍTULO V – Sintomas

Noémia Pintado tinha passado a noite inteira em agonias intestinais. As lagostas da noite anterior estavam por certo estragadas. Mas eram fresquíssimas, tinham acabado de ser apanhadas, tinha garantido o fornecedor à sua governanta. Tudo uma máfia, era o que era. Já não se podia confiar em ninguém nestes tempos de crise. Mas depois de sair da garagem e refastelada que estava no seu Porsche cinza rato (que apaixonada que estava pelo carro, bolas!) tudo lhe parecia melhor e esses horrores intestinais afastavam-se a uma velocidade estonteante, a mesma que aquela bomba da estrada conseguia alcançar. Um trânsito infernal. O costume. Chegou no entanto ao seu escritório de advocacia ainda a tempo da reunião com os gajos das obras, como ela gostava de lhes chamar no foro particular. Começava a ficar um pouco farta daquela gente lá da Assembleia. Se não fosse pelo dinheiro, mandava-os a todos para a outra banda. Voltou a pensar no Porsche. Era melhor não os mandar a lado nenhum. Durante aquela hora e meia de reunião, Noémia reviveu o mesmo mal-estar. Que cólicas horríveis e que vontade de dar um peido do tamanho do mundo. Teve que interromper a reunião para aí umas cinco vezes para ir dar largas a esses desejos fisiológicos no seu WC particular. Só esperava que aquela divisão fosse bem isolada porque o que se estava ali a passar não fazia certamente parte da lista das boas práticas sobre como fidelizar clientes.

****

O deputado Nuno Florinha saíu da sua belíssima mansão com uma sensação de frustação muito estranha, uma espécie de afrontamento mental que lhe era inédito e extremamente desagradável. Aquela mádisposição até lhe estava a provocar cólicas. Seria talvez da discussão matinal que tinha tido com a Tété sobre a viagem às Maurícias ou quem sabe resultado da constatação que a sua filha o achava repelente, como aliás ela tinha feito o favor de lhe comunicar no dia anterior ao jantar por palavras muito sinónimas mas um bocadinho menos educadas. A verdade é que se sentia mal. Estaria doente? Ia tão absorto nestas sensações que nem ao menos o acostumado "bom dia" maldisposto disse ao Alfredo, o motorista que habitualmente o aguardava à porta de casa para o levar à Assembleia. Ao longo do caminho, Florinha reviu mentalmente o discurso que havia de proferir nessa semana sobre o estado da missão R.A.S.C.A. Era um discurso adequado a um político de peso, um discurso forte, assertivo e absolutamente vazio de conteúdo. Como convinha a um político digno do nome. Florinha era muito bom nisto, as palavras fluíam-lhe de forma extraordinária para criar frases que, sem nada significarem, significavam uns quantos avanços na hierarquia do partido. Qual dançarino a deslizar pela pista de dança sem o mínimo esforço, assim se movia Florinha por entre frívolos discursos que admiravam quem o ouvia - "que bem que o Sr. Deputado fala".

Mas nem sempre tinha sido assim. Quando o Sr. Deputado era apenas um aluno na Escola Primária Fijequense este dote da retórica não o tinha conseguido livrar de umas tareias valentes por parte dos rufias da turma, em particular do Chico Tonho, o miúdo mais popular e temido desde Fijecas de Baixo até Sanguelhas da Abada. O Chico embirrava com o Florinha e aquele palavreado idiótico que lhe saía pela boca a toda a hora. Demais a mais havia a questão da estatura física que se proporcionava ao embirranço - Florinha era pequenito e franzinote. E depois era o nome. Um nome como Florinha estava mesmo a pedir para ser gozado pelos colegas da escola. O Chico adorava provocá-lo e chamar-lhe Filózinha. Qualquer criança ignoraria as provocações do Chico mas o Filó, que já sentia o dom do palavreado a crescer-lhe nas entranhas, não se podia ficar por coisa tão prosaica. Remete-te ao silêncio, disse ele numa das vezes. O Chico Tonho ficou realmente calado mas em compensação remeteu-lhe uma grande murraça no nariz que lhe deixou uma pequena cicatriz que lhe faria recordar para o resto dos dias o maldoso Chico. Nuno Florinha tinha por isso um ódio de estimação ao Chico e alegrava-se ao pensar que passados vinte anos aquele buçal continuava em Fijecas de Baixo a gerir um negócio medíocre e ele era o Sr. Deputado que aparecia amiúde na televisão e não podia estar mais longe daquela mediocridade fijequense.

Os pensamentos do Filó foram interrompidos por mais uma cólica forte. Tinha que ir urgentemente à casa de banho mal chegasse à Assembleia. Logo a seguir mais outra pontada forte na barriga. E ainda outra. E ainda mais uma.

Despache-se homem, estou atrasadíssimo para uma reunião de extrema importância, disse ao Alfredo com maus-modos.

Sim, Sr. Deputado, retorquiu o motorista, apesar de não fazer ideia de como é que podia ir mais depressa. Mas ao olhar pelo espelho retrovisor compreendeu perfeitamente que se tratava mesmo de um caso de emergência, certamente não de carácter nacional, mas ainda assim uma verdadeira emergência. O deputado já se contorcia no banco de trás, o suor escorria-lhe pela cara e Alfredo pensou que naquele momento o deputado era capaz de estar mais enrascado do que o país. Continuou a conduzir o mais depressa que pôde pelas ruas da capital mas temeu que o desfecho daquela situação ia ser uma grande borrada.

Quer que pare o carro, Sr. Deputado?

Por muito que Florinha não quisesse admitir a catástrofe intestinal que estava prestes a ser testemunhada pelo Alfredo, a verdade é que não sabia se conseguia chegar à Assembleia ainda a tempo. Por isso, pensou que o jardim que havia ali mesmo ao lado servia muito bem para o tirar daquela agonia.

Pare já aqui no Parque, ordenou aflito.

No mesmo segundo em que abriu a porta para se escapulir dali a alta velocidade soube que era tarde demais.

Voltamos para sua casa, Sr. Deputado?, questionou Alfredo, profissional e imperturbável, depois daquele acto diarreico a que tinha, infelizmente, assistido.

Florinha tinha o dom da retórica mas naquele momento não lhe ocorreu nada que pudesse dizer. Acenou levemente com a cabeça e remeteu-se ao silêncio até chegar a casa.

****

Zé Lobo Correia foi um dos jornalistas que no final dessa mesma semana divulgou a notícia sobre um vírus desconhecido que estava a causar cólicas de grau bastante intenso e anormal. Em consequência desses sintomas havia já uma percentagem relativamente elevada da população activa que se encontrava de baixa. Alguns dos médicos que foram entrevistados revelaram que aquele tipo de cólicas parecia bastante fora do comum, podendo dar-se o caso de estarmos perante uma doença nova. Era preciso aguardar a evolução dos sintomas antes de podermos tirar mais conclusões.

CAPÍTULO VI – Jonny Garden regressa a casa

A canja estava pronta e cheirava divinalmente. Teresa pousou a malga no tabuleiro (o Berto não era homem de tigelas, para ele sopa era sopa e sopa pedia malga), juntou-lhe uma folhinha de hortelã-pimenta (era homem de malgas mas gostava de um toque de boa apresentação) e dirigiu-se ao andar superior. Berto estava prostado na cama, incrivelmente cansado e dormitava. À entrada da mulher fez menção de se erguer e se recostar na almofada, mas logo um ar de queixume lhe assomou à cara e Teresa pediu-lhe que a deixasse ajudá-lo.

Esta canjinha vai fazer-te bem. É de galo caseirinho, como tu gostas.

Enquanto lhe ia dando a canja à boca, Teresa perguntava-se como é que lhe havia de explicar tudo o que tinha acontecido. E quando? Ele estava obviamente demasiado debilitado para encarar tudo o que se estava a passar à sua volta, mas a pressão em torno do marido começava a ser difícil de controlar. Os dias de ausência no governo da ilha estavam já a causar muito burburinho na comunicação social. O Berto nunca antes tinha faltado a um único dia de trabalho. Mesmo com violentas gripes, destas do tipo ranhosas que dão narizes inchados, vermelhos e repugnantes, o Sr. Presidente do Governo Regional fazia questão de ir trabalhar, espalhando os vírus por quem se lhe apresentasse à frente, sob pena de que absolutamente nada naquela ilha funcionava sem ele. Até mesmo quando partiu o coxis na festa anual da Nossa Senhora do Funcho, por ter inafortunadamente escorregado numa casca de banana que o fez resvalar monte abaixo em alta velocidade, o Berto foi trabalhar, a arrastar-se com um jeito de andar que provocava em quem o via uma piedade genuína pelo presidencial rabo do homem. Não admirava, por isso, que os "paparazios" já tivessem montado guarda à porta do Palacete do Funcho à cata de notícias. A situação era verdadeiramente insustentável. Os "paparazios" não arredavam pé da porta e, dada a popularidade e o apreço que o Sr. Presidente tinha na ilha, até já havia funchosos a fazer vigília junto ao palacete à espera de notícias. Os rumores corriam a uma velocidade vertiginosa. Havia alguém que tinha visto um desconhecido, que se supunha de nacionalidade cubana, a rondar a casa da família e se inclinava para a teoria do rapto com subsequente pedido de resgaste, que a esta hora estaria a ser negociado já com a intervenção do SIRP, do SIED e do SIS e de mais não sei quantas variantes dos serviços secretos que a bem dizer ninguém sabia muito bem o que faziam mas que concerteza intervinham numa situação destas, quanto mais não fosse para participar em reuniões onde jargões incompreensíveis para o resto do mundo fossem comummente proferidos sob um véu de mistério digno do melhor thriller de espionagem. Outros havia que estavam convencidos de que o desaparecimento do presidente tinha por base uma conspiração ao mais alto nível entre a R.A.S.C.A. e o governo da capital que, tendo delapidado ao longo de anos e anos as riquezas da ilha, se preparava agora para dar a machadada final no povo funchoso, fazendo desaparecer o seu muito amado líder. E depois havia ainda outros, minoritários, que tendiam para algum problema de saúde ou um *affair* tórrido com alguma funchosa desconhecida que tivesse acabado de completar 20 anos ou coisa que o valesse. Enfim, havia teorias para todos os gostos, mas efectivamente nenhuma correspondia à realidade.

Enquanto Teresa olhava pela janela e testemunhava o aumento do número de pessoas que montavam guarda à porta do palacete, voltava a rever os acontecimentos que estavam na base desta situação complicada em que agora se encontrava.

Para explicar a verdade dos factos era preciso remontar a cerca de 18 anos atrás, dia em que Berto regressou a casa do seu passeio matinal pela marina um tanto ao quanto estranho, olhos esbugalhados, cabelo eriçado, voz arrastada e um apetite voraz. O guisado de ervilhas e bacon que Teresa estava a preparar para o almoço desapareceu em poucos minutos por entre garfadas nauseabundas de uma generosidade grotesca e interjeições de satisfação daquele que parecia agora um Golden Retriever faminto. Aquela avidez fê-lo esvaziar armários de conservas em lata, desconchavar o frigorífico à procura de bebidas frescas, que foram sorvidas a um ritmo alucinante, e devorar à chincadela um presunto que estava a defumar na adega. Talvez que só aquela visão tivesse bastado para Teresa perceber que aquele homem não podia ser, contra todas as evidências visuais, o Berto, o seu marido que tanto valor dava a uma alimentação equilibrada que respeitasse as proporções certas de proteínas e hidratos de carbono. Mas não foi. Teresa não tinha percebido o que se passava nem mesmo quando o Berto, contra seu costume, eructou de forma violenta a ponto de espantar a gata que fugiu espavorida e só voltou a reaparecer umas horas mais tarde, provavelmente quando o trauma da *experiência arrotal* estava ultrapassado. Ao longo dos dias seguintes,   Teresa pôde confirmar que o marido efectivamente não estava bem e muito menos estava como era antes. Começava logo pelo facto de o homem devorar o sono de forma tão violenta como devorava a comida. A mulher ainda não o tinha visto pregar olho. Ela acordava a meio da noite e ia encontrá-lo ora a ler pilhas de livros, ora a ouvir o rol de CDs dos grandes compositores clássicos do nosso tempo, ora simplesmente deitado no jardim, barriga para o ar, a olhar emocionado as estrelas. Era coisa inexplicável aquela. Teresa tinha feito esforços em vão para comunicar com aquele novo Berto a ver se percebia a origem daquela estranheza. Mas o Berto remetia-se ao silêncio. O homem já não dizia palavra desde aquela fatídica manhã em que tinha ido dar o passeio à marina. Às vezes até parecia a Teresa que o homem não sabia de todo falar. Ele bem abria a boca e tentava articular os maxilares mas o desfecho daquele esforço era só uma careta horripilante que produzia uma espécie de rugidito mas falar, o que realmente se apelida de falar, nada. Verdadeira sorte tinha sido que tudo isto tivesse acontecido durante as férias do Verão. Só assim foi possível esconder do resto do mundo a insanidade que se andava a passar no palacete.

Foi preciso Teresa ir encontrar o Berto a praticar ioga, mais especificamente Kukkutasana, entre nós conhecida como a posição do galo, para se convencer que efectivamente tinha que pedir ajuda a alguém. Já estava ela pronta para marcar o número de emergência quando sentiu a mão do Berto passar-lhe pelo ombro esquerdo e esse toque foi o suficiente para a fazer sentir um arrepio violento que a abriu a sensações perfeitamente desconhecidas até então. As horas que se seguiram foram as primeiras de muitas de um intenso e alucinado prazer. Numa montanha russa de calores, de gemidos agudos, de loucas acrobacias que fariam o kamasutra parecer um livro infantil, a certa altura pareceu a Teresa que na fracção de segundo seguinte haveria de implodir. E implodiu mesmo. Implodiu aí umas dozes vezes nessa noite e haveria de continuar a implodir ao mesmo ritmo nas noites seguintes. Teresa estava nas nuvens, parecendo-lhe esta expressão agora muito mais literal do que figurada.

Foi numa dessas implosões, umas das mais violentas, que Berto falou pela primeira vez em muitos dias.

Jag älskar att knulla.

Berto, que raio é que tu acabaste de dizer?, conseguiu articular Teresa a custo entre fôlegos que lhe faltavam. (Pudera, a actividade física era esgotante).

Desculpa, era sueco.

Sueco? Desde quando é que tu falas sueco? Aliás, desde quando é que tu falas novamente?

O sueco aprendi-o ontem à noite. Que língua intrigante, Deus do céu! Sabias que a língua sueca tem nove vogais? Ah, pois tem. Quanto ao falar em geral, deixa-me dizer-te que a partir de agora vou falar e falar muito, compreendes? Estava era aqui com uma dificuldade de articulação por causa dos maxilares...

Dos maxilares? Mas...mas..Berto, tu estás bem? O que é que tem estado a acontecer contigo?

Teresa, por favor, pára de me chamar Berto. O nome é Jonny, Jonny Garden.

Ao que parecia o Berto tinha sido possuído por um extra-terrestre. Jonny Garden, habitante do planeta Marte, tendo-se chateado com a mulher e estando a precisar de arrefecer as ideias, navegou galáxia fora sem rumo até ter avistado um planeta azul que lhe despertou a atenção. Quis o destino que a sua nave viesse aterrar precisamente na Marina do Funcho, exactamente no momento em que Berto dava o seu passeio matinal. O Berto, que quase nem tempo teve para manifestar o seu espanto ao ver a nave descer sobre si, foi possuído logo ali, infelizmente sem testemunhas oculares, uma vez que eram apenas 7h da manhã e a essa hora normalmente a marina estava deserta.

Teresa reflectiu toda a noite naquela situação. Nem ela nem o Berto novo dormiram nessa noite. Ele, porque de qualquer maneira nunca dormia e ocupou-se a ver a Guerra das Estrelas que lhe parecia ser uma comédia hilariante - ainda havia de conhecer esse tal terráqueo que dava pelo nome de George Lucas. Ela, porque não sabia o que fazer com aquela situação, a razão dizia-lhe uma coisa, o coração e outras partes do corpo diziam-lhe outra.

Pela manhã Teresa saiu de casa ainda sem saber o que fazer e enfiou-se na igreja à espera de um sinal divino. Não podia ser correcto privar o Berto antigo da sua existência. Uma existência aborrecida, é certo. Mas era quem ele era. Por outro lado, o Berto antigo não tinha tido problemas nenhuns em privá-la da sua existência e das suas ambições. Teresa era uma violoncelista exímia com a perspectiva de uma carreira brilhante e internacional quando se apaixonou pelo Berto. Enlevada em promessas de amor, Teresa despediu-se de Fijecas de Baixo, a sua amada terra Natal, sob a promessa de poder perseguir o seu sonho musical. Em breve as suas actuações limitar-se-iam aos serões em casa dos sogros onde a mamã e o papá exaltavam as vantagens da querida Teresinha ter um *hobby* tão aprazível, que se coadunava tão bem com o papel de esposa de um político. Que afinal a mulher de um político famoso deve mostrar algum sinal de inteligência, desde que se mantenha discreta e não exagere, claro está. A maior digressão que Teresa haveria de fazer seria para o Centro Paroquial do Funcho onde, como respeitosa primeira-dama que era, dava aulas de música em regime de voluntariado.

Teresa saiu da igreja sem sinal divino. E ainda sem sinal divino entrou em casa. Decidiu, por fim, seguir os ditames do coração e pensou que não havia mal nenhum em deixar o *alien* possuir o corpo do Berto por mais alguns dias. Afinal, quanto tempo é que um *alien* se poderia ocupar numa ilha como o Funcho? Certamente que mais cedo ou mais tarde ele retornaria a Marte e pelo menos ela poderia, durante esse período de tempo, viver uma paixão sexual alucinada. Os dias acabariam por se multiplicar por meses e por anos a fio. 18 anos. A felicidade haveria, no entanto, de acabar um dia. E esse dia tinha sido exactamente há 72 horas atrás. Altura em que o Jonny lhe disse: amanhã vou-me embora. Teresa não tinha compreendido o verdadeiro alcance daquelas palavras.

Tens alguma reunião na capital?

Não. Vou-me embora. Definitivamente.

Enquanto Teresa olhava pela janela e testemunhava o aumento do número de pessoas que montavam guarda à porta do palacete, pensou que precisava de ajuda.

Ligou para a única pessoa em quem sabia que podia confiar.

- Odete? Preciso de ti.

CAPÍTULO VII – Aurélio Guilhião

Precisamente quando o relógio da torre da Igreja de Sanguelhas da Abada batia as 9 horas daquela manhã de sábado, estava Rodolfo a entrar pelas portas giratórias do edifício da Casa de Repouso *Dias Felizes* para visitar o seu tio Aurélio. De cada vez que entrava por aquelas portas colocava-se sempre a mesma questão, se algum dia o tio se decidiria a sair dali.

Foi encontrar Aurélio como de costume nos jardins da casa, rodeado por uma meia dúzia de livros. O tio apreciava aquelas visitas semanais que o sobrinho lhe fazia e agradava-lhe que Rodolfo cumprisse à regra as condições que lhe tinha imposto para o visitar. Não quero que me fales de política nem quero saber o que se passa no mundo exterior, compreendes? Pretendo alhear-me de tudo e só poderei fazê-lo se não tiver qualquer tipo de contacto com o mundo lá de fora. Rodolfo cumpria estritamente os desígnios do tio e recusava-se a falar-lhe da situação económico-financeira em que o país se encontrava ou do cenário político que estava ao melhor nível de uma novela mexicana.

O tio vivia, nas suas próprias palavras, para o conhecimento teórico. Ele tinha sido, durante um período muito breve de tempo, Ministro da Economia do Purgalto. Aurélio fora professor catedrático na Faculdade de Economia da Universidade de Fijecas de Baixo antes de ter abandonado a docência para aceder àquele convite feito pelo então Ministro Mor do país. Tinha sido uma experiência catastrófica. Aurélio, que tinha aceitado o convite na esperança de poder contribuir positivamente para o desenvolvimento da economia purgaltense, viu-se envolvido num emaranhado de politiquices de tal ordem, que ao fim de pouco tempo estava a apresentar a sua carta de demissão. Alguns meses depois, ainda conturbado pela experiência que tinha tido, resolveu retirar-se por tempo indeterminado para os *Dias Felizes.*

Aurélio pousou o *Inquérito acerca da justiça política* de William Godwin e sorriu a Rodolfo enquanto espreitava por cima dos óculos de graduação relativamente elevada que usava para ler.

Meu querido Rodolfo, como vais?

Muito bem, tio Aurélio. E o tio, como está?

A reler este livro do Godwin.

Não me diga que o tio decidiu ser anarquista.

O conhecimento deve ser vasto. Aliás, só dessa diversidade é que advém o verdadeiro saber.

O tio pensou no que lhe perguntei a semana passada?, perguntou Rodolfo ao tio enquanto os dois davam um passeio pelos jardins magníficos dos *Dias Felizes.*

Sim, mas ainda me sinto muito bem aqui. Esta fase da minha vida tem sido tão proveitosa, que não estou ainda preparado para voltar ao mundo lá de fora. Como vai o teu trabalho?

Numa fase muito interessante, tenho um projecto em mãos que me está a entusiasmar muito.

O que é?

É um novo produto, é uma seiva que se adequa a consumidores com determinado tipo de circunstâncias.

Mas é para o tratamento de alguma doença estranha?

Não, não tem que ver com nenhum tipo de enfermidade.

Ai, não? Eu pensei que a tua empresa se dedicava exclusivamente ao tratamento de doenças.

Sim, isso é verdade, os nossos laboratórios apenas operam na área da saúde. Mas este acaba por ser um projecto bem mais pessoal do que profissional.

Tu estás a produzir uma seiva a título pessoal?

É mais ou menos isso.

Aurélio estranhou aquela conversa. Pareceu-lhe que o sobrinho não queria revelar muito mais sobre aquele projecto por isso não insistiu nas perguntas. Resolveu mudar de assunto mas depois de, no final dessa manhã, se ter despedido do sobrinho não conseguia parar de pensar no propósito da tal seiva.

CAPÍTULO VIII – Julgamento

Finalmente quando chegou o dia do julgamento de Odete, não foi preciso pedir mais adiamentos nem alegar doença grave da arguida.

O juíz iniciou a sessão informando a audiência que, por falta de provas concludentes que pudessem justificar uma condenação, o julgamento seria anulado.

Foi deste modo que o Purgalto viu mais um dos seus conhecidos julgamentos tornar-se numa piada nacional.

Não me agradeças Odete, não fui eu que te salvei, disse Noémia findo o julgamento.

Ai não, perguntou Odete a rir-se, então quem foi? Vais dizer-me que foi o palerma do Delegado do Ministério Público que não fez bem o trabalho dele, não?

O meu escritório subornou o juíz mas não fui eu realmente quem te salvou. Mandei o meu sócio fazer o trabalho sujo.

Nesse momento, Noémia e Odete saíam para fora do tribunal e foram imediatamente invadidas por uma série de jornalistas que ansiavam por comentários ao desfecho inesperado que o julgamento tinha tido.

Surpreendida com a decisão do juíz, Dra. Odete?

Não posso dizer que esteja surpreendida, estou satisfeita porque hoje se fez justiça. Foram momentos difíceis, ninguém gosta de ser acusado injustamente mas felizmente a verdade venceu. O nosso sistema judicial está de parabéns.

Dra. Noémia, satisfeita com o desfecho do julgamento?

Não faço comentários, obrigada.

Acho-te estranha, disse Odete a Noémia assim que as duas se sentaram na limusine daquela, depois de terem deixado para trás o cortejo de jornalistas.

É porque estou.

Tu nem pareces contente por me teres livrado deste imbróglio.

É porque não estou.

Estás a gozar, Noémia?

Infelizmente não, disse a outra.

Odete deu uma gargalhada incrédula que terminou, afinal, séria.

Está tudo bem contigo, Noémia?

Diz ao teu motorista para parar o carro, eu preciso de sair daqui.

O que se passa contigo, Noémia?

Odete, tu conseguiste o que querias, correcto? O problema foi resolvido, não foi? Passaste de arguida com rabos de palha a inocente injustiçada pelo sistema. Pois bem, o meu contributo acaba aqui. Agora manda parar o carro, por favor.

Apesar de atónita com aquela reacção estranha da amiga, Odete aquiesceu.

Noémia saiu apressada sem se despedir.

CAPÍTULO IX – Revelação

Quando Odete recebeu o telefonema misterioso da irmã não podia supor o que a esperava. A sua voz trémula tinha denunciado coisa grave mas Odete dificilmente conseguia imaginar o que a podia ter afectado daquela maneira.

Enquanto voava, por entre poços de ar e turbulências demasiado agitadas para uma ptesiofóbica como era, tentava abstrair-se daquele chocalhar assustador, esforçando-se por imaginar o que poderia ser a causa de tanto secretismo por parte de Teresa. A irmã tinha-se recusado a adiantar o que quer que fosse telefonicamente. Preciso de ti. Preciso da tua ajuda. Podes vir cá? E pouco mais tinha sido dito. Não me perguntes nada, nada te posso dizer por telefone. Odete cancelou todas as reuniões do dia e enfiou-se no primeiro voo para o Funcho, ela e uma caixa de Xanax para acalmar a fobia. Lembrou-se de repente que a irmã tinha feito o check-up médico anual há pouco tempo e ficou em pânico. Seria alguma doença grave? Não, não, não queria acreditar que fosse possível. Não podia ser. Algo relacionado com o Berto, talvez? Teria Teresa apanhado o Berto em alguma aventura extraconjugal? Não, isso também parecia deveras implausível. Os dois eram um casal perfeito e encaixavam-se perfeitamente nas excentricidades um do outro.

Odete pensava que tinha subestimado o Berto e a sua capacidade de fazer a irmã feliz. Quando o viu pela primeira vez no Baile Anual de Fijecas achou-o absolutamente insípido e desinteressante. Fazia-lhe lembrar a farinha-de-pau que a mãe servia sem excepção nos almoços de sexta-feira: até podia fazer bem mas quem é que sonhava em comer aquilo? Aliás era comum referir-se-lhe como Berto-farinha-de-pau, quando ela e a irmã se punham em confidências sobre os moços da terra. Não lhe chames isso, repreendia-a a irmã, entre gargalhadas.

Um dia as gargalhadas acabaram.

Quero que páres de lhe chamar essa estupidez. O Berto é um rapaz sério e bom e adora a minha música.

Foi nesse dia que Odete percebeu que a irmã estava apaixonada por aquele funchoso que vinha regularmente com os pais passar as férias de Verão a Fijecas de Baixo. Aquele relacionamento entre os dois era-lhe incompreensível. Mas a bem da sua própria relação com a irmã, tentou evitar os preconceitos para com o Berto e deixou de formular juízos de valor que, na maior parte das situações, sabia serem injustos. Com o tempo, Odete foi percebendo que o Berto amava verdadeiramente a sua irmã e isso bastou-lhe. O interesse que a irmã tinha por aquele rapaz de cabelo muito penteadinho e de maneiras irrepreensíveis continuava a surpreendê-la mas talvez fosse uma questão de atracção de opostos.

Quando Teresa se mudou para a ilha do Funcho, Odete pensou que a vida idílica da irmã tinha sofrido um grande abalo. A paixão musical de Teresa não parecia poder consumar-se numa verdadeira carreira mais por imposição da família do Berto do que por convicção deste e isso magoava Teresa profundamente. No entanto, ao fim de alguns anos, a situação começou a mudar. Aliás o Berto parecia ter mudado imenso. Provavelmente era resultado da exposição que tinha na sequência da sua carreira política. De repente o rapazito misantropo e introvertido parecia ser o rei da festa em eventos sociais, mostrava-se sempre extremamente divertido e folgazão, parecia ter definitivamente cortado o cordão umbilical com os pais e estimulava Teresa a reatar as suas ambições musicais. Foi deste modo que Teresa pode integrar o corpo da Orquestra Sinfónica do Funcho, tendo tido o privilégio de tocar nas salas mais concentuadas do país e do estrangeiro, beneficiando de um reconhecimento que até aí lhe tinha parecido impossível atingir.

Sim, o Berto tinha mudado imenso. O rapaz tímido tinha dado lugar a um político de ribalta, amado por uns e muito detestado por outros. Era impossível ser-lhe indiferente. O Berto governava o Funcho há uma data de anos e a grande maioria dos funchosos era obcecada por aquele homem folgazão e mediático que parecia nem sequer precisar de eleições para continuar a governar a ilha.

O Berto não só era conhecido a nível nacional como o era também a nível internacional. Há uns anos atrás o governo do continente tinha andado a delirar com uma coisa chamada *Esticão da Tecnologia* e o Berto tinha feito esforços para que o Funcho fosse o centro da esticadela. O Berto não estava para acatar decisões da capital, até porque não reconhecia naquela gente daquele lado de lá, capacidade a nível nenhum. Por isso virou-se para o outro lado e resolveu apresentar ao mundo o projecto *Funcho 5.000*. Era uma ponte. Aliás o Purgalto em geral primava por uma certa empatia com grandes projectos de cimento e betão. Era uma ponte que ia direitinha da Marina do Funcho até ao outro lado do oceano, à Americonha. Durante essas semanas em que o Berto viveu uma espécie de febre da tecnologia fez uma série de intervenções nos *media* a justificar a construção de 5.000 Km de ponte a partir do Funcho e tentou junto do governo da Americonha obter um financiamento para conseguir realizar semelhante projecto. Era óbvio para ele que o Funcho era a porta de entrada daquela região geográfica a que o Purgalto pertencia. E também era óbvio que o mundo não podia continuar a depender apenas de ligações aéreas para unir aquelas duas grandes regiões económicas. Era preciso criar alternativas para muitos consumidores que não suportavam o avião, os que gostavam de abrir janelas durante as viagens longas, os que precisavam de um cigarro para aguentar o trajecto, os que tinham fobia a casas de banho minúsculas. O mundo não podia continuar a limitar assim os direitos fundamentais dos indivíduos. Para além disso, era também necessário dar mais competitividade à actividade económica, criar meios alternativos para o transporte de mercadorias essenciais para a indústria das duas regiões. Finalmente, era preciso perceber que aquele projecto era naturalmente muito mais do que a simples construção de uma ponte, era a revolução oceânica a apresentar-se em dimensões gigantescas aos olhos do mundo. Pois que se a ponte era fundamental para permitir a ligação terrestre entre o Purgalto e a Americonha, o desenvolvimento de um sistema de apoio à mesma era imperativo, gerando um círculo económico virtuoso em torno das duas regiões económicas. Propunha o Berto a criação de cidades satélite espalhadas pelo oceano com casinos, hotéis e muito divertimento. Ele sabia por experiência própria que este tipo de requisitos era essencial para o apreço por parte dos futuros utentes da ponte. Além disso, se a Americonha já tinha construído artificialmente uma cidade no meio do deserto que dava dinheiro que nunca mais acabava, porque razão não se havia de fazer o mesmo no meio do oceano? Com a grande vantagem de que não construiríamos uma mas pelo menos dez cidades. Imagine-se a receita que nos esperava. Já para não falar de potenciais atracções turísticas, como por exemplo *Splashes* e *Aquaparadises* e outras coisas do género. O potencial de investimento era ilimitado. Só em franchises do *McDonaldo* já estava a coisa paga.

O Berto bem se esforçou por levar avante aquela ideia megalómana, não foi por falta de reuniões com senadores e presidente da

Americonha, que aliás achavam um piadão àquele *crazy guy and his 5.000 Km bridge*. Mas infelizmente aquele sonho haveria de viver apenas no papel e foi assim que o Berto concluiu que pensava muito mais à frente do que aqueles ignóbeis todos.

Enquanto Odete bebericava o sumo de tomate que a hospedeira lhe serviu continuava intrigada sobre a razão do telefonema da irmã. Foi apenas quando chegou ao palacete do Funcho e se viu perante um Berto alienado do mundo que o mistério se desvaneceu.

Odete precisou de uma boa meia-hora e meia garrafa de vinho do Funcho para recuperar das confidências da irmã.

Por favor não me julgues, disse-lhe Teresa entre soluços.

Ninguém sabe disto?

Não, ninguém.

Como é que é possível nunca me teres contado? 18 anos Teresa, 18 anos.

Eu sei, é horrível quando posto dessa forma.

Sinto-me tão estúpida, tão enganada por ti.

Desculpa-me.

Mas então e exames médicos? Uma coisa destas é impossível de esconder de um médico.

O Berto, ou melhor, o Jonny teve sempre uma saúde de ferro. O único médico com quem teve contacto foi com o nosso médico de família.

E ele nunca suspeitou de nada? Nunca houve valores estranhos nos exames sanguíneos, por exemplo?

Ele já é bastante idoso e acho que isso também ajudou.

Odete serviu-se de mais um cálice de vinho do Funcho e pensou que aquilo era capaz de vir a dar ainda muita asneira.

****

Odete acordou às 3 da manhã e, por mais que tentasse, não conseguiu voltar a adormecer.

Era a história do Berto e da sua "extraterrestrialidade" que a estava a perturbar mas, acima de tudo, era o facto de nunca ter percebido que alguma coisa de errado se passava com ele. A bem da verdade, toda a gente sabia que alguma coisa de errado se passava com o Berto mas a excentricidade do Berto era tão vulgar que nunca ninguém a achou fora do normal.

Aquela história toda não lhe saía da cabeça. Aquilo era enredo para um livro, um best-seller. *As Cinquenta Sombras do Funcho* era o título provável.

Quem é que podia imaginar que uma ilha daquelas podia ser governada tanto tempo por um exraterrestre... Agora, no entanto, enquanto revia alguns dos episódios caricatos em que o cunhado esteve envolvido, Odete perguntava-se como é que não foi capaz de perceber que aquele homem não podia ser deste mundo.

Como da vez em que o cunhado queria tornar o Funcho biológico. *Funcho Goes Bio* era o nome de código daquele projecto megalómano.

Ela lembrava-se desse episódio particularmente bem porque estava de visita à casa deles no dia em que o Berto falou aos jornalistas sobre o tema.

A ideia era criar a primeira ilha totalmente biológica do mundo e deste modo conquistar ainda mais receitas de turismo para a região.

E porque não, Odete?, tinha-lhe perguntado ele depois de acabada a conferência de imprensa que tinha deixado a classe jornalística absolutamente atónita. Sim Odete, esta ideia é para avançar, afirmou o Berto entusiasmado, o Funcho vai embarcar na era biológia. Tens de concordar que nesta época, em que os *bios* e os *ecos* e mais não sei quantas abreviaturas para designar esses meandros do ambiente estão tão em voga, é uma oportunidade fora de série intensificar a ligação do Funcho a estes movimentos. Se há tomates, café e até algodão biológicos, porque razão é que não há-de haver também uma ilha? Não é uma boa ideia?

Odete assentiu com a cabeça, que tudo aquilo fazia em teoria muito sentido.

Mas como?

O Berto tinha pensado em tudo.

É preciso atacar pelo ar, disse ele empolgado. É preciso tornar o ar funchoso biológico. Imagina o potencial da mensagem *Welcome in Bio Air* ali mesmo à chegada ao nosso aeroporto. É imbatível.

Odete já estava a imaginar aquelas tabuletas multi-linguísticas com as variantes *Wilkommen in Bio-Luft* e *Bienvenue dans l'air biologique* mas continuava sem perceber como é que se havia de convencer os turistas de que o ar era realmente biológico.

Mas vais fazer tratamentos ao ar?

Qual quê?, repudiou o Berto. Não é preciso nada disso. Não é preciso que o ar seja realmente biológico, é só preciso que o ar pareça biológico.

Mas então...?

Bois!

Bois?

Bois! Vacas! Cabras!

Odete estava um pouco confusa porque não percebia qual seria o papel daquele gado todo no projecto biológico do Funcho.

Mas o Berto não tardou em explicar-lhe.

Para convencermos os turistas de que o ar é biológico precisamos de ter uma série de bois espalhados ali pelas redondezas do aeroporto permitindo-lhes uma liberdade fisiológica tal, de modo que ainda o turista vem no ar e já está a sentir aquele cheiro biológico que não dá margem para dúvidas.

Bois? Bois cagantes espalhados pelo aeroporto?

Odete não podia acreditar naquela ideia surreal.

Não é uma ideia fantástica? Como é que nunca ninguém pensou nisto?

Mas, ó cunhado, isso será higiénico?

Não só é higiénico como também é natural e consequentemente biológico. E permite-me até partilhar contigo um trocadilho que me ocorreu hoje de manhã enquanto fazia a barba, já viste que com esta medida, passamos da era dos *Jobs for the boys* para os *Jobs for the bois*? Ah, ah, tem piada, não tem?

Aquele riso estridente, aquela ideia extravagante e acima de tudo aquela visão de flatulências e excreções de gado estava a deixar Odete consternada. E Odete perguntava-se qual o papel a que o Berto aspirava no meio daquela quimera de poios.

Essas instituições que zelam pelo direito dos animais não te porão um processo em cima?

A mim?

O Berto parecia exaltado com a ideia de que alguém o pudesse alguma vez acusar do que quer que fosse.

Processos a mim? Quem é essa gente para me pôr processos em cima? Ninguém pode parar o progresso do Funcho.

Mas isso não fará mal aos animais? O ruído dos aviões e tudo?

Se preciso fôr, põe-se-lhes uns auscultadores ou qualquer coisa do género.

O governo central nunca vai corroborar com uma coisa dessas.

E quem é que quer saber o que esses palermas lá da capital pensam?

O Berto acabaria efectivamente por levar a sua ideia avante e durante algum tempo houve gado a passear-se pelas redondezas do aeroporto, a bem do progresso do Funcho. No entanto, o desfecho daquela ideia havia de ser mais um cacofonia funchosa quando dois dos bois que serviam os propósitos do projecto biológico se evadiram da sua área limítrofe e provocaram o caos na zona de recolha de bagagens do aeroporto, criando o pânico nos turistas que por ali estavam e mandando uma meia dúzia para o hospital em estado grave. Mas a boa coisa foi que nenhum deles morreu.

Enquanto Odete recordava muitos episódios semelhantes em que o cunhado esteve envolvido, ocorreu-lhe que a única salvação para sair daquela história surreal toda e salvar a irmã de um possível escândalo, era obrigar o Berto a retirar-se o mais depressa possível da vida política.

CAPÍTULO X - Catástrofe

"Pão bom havia na minha terra. É que sabe, lá fazia-se mesmo aquele pão em forno de pedra que era uma maravilha. Quem percebia muito desse fabrico do pão era o meu primo Roberto mas ele era um rapaz com pouca sorte, coitado. Que esse meu primo separou-se da mulher *inda* não tinha o casamento nem 6 meses. Por acaso foi um casamento lindo celebrado lá pelo padre da nossa aldeia, o padre Matias. Esse padre até tinha andado aqui na terra no seminário que por acaso até era gerido por um primo do meu tio Malaquias, sabe? Era, era. Esse meu tio emigrou-se lá para a Euroconha, até tinha uma filha que não falava palavrinha de purgaltês. Isto dos emigrantes não ensinarem purgaltês aos filhos, não está bem, não acha? Por acaso, eu conhecia uma moça que, essa sim, tinha estado na Americonha, até tinha nascido lá, e falava tão bem, ai que bem que a moça falava! Essa moça até se casou com um rapaz que era primo do meu afilhado, do João..."

E a isto se podia chamar uma conversa típica da D. Zirinha. A D.Zirinha era uma destas criaturas adoráveis que Deus pôs no mundo. Com o seu metro e meio de altura (mas as mulheres, tal como os homens, não se medem aos palmos) e a sua vozinha aguda a raiar o esganiçado, conseguia ser um verdadeiro portento do palavreado. A D.Zirinha produzia palavras que era uma coisa louca. Era violento. Em 57 anos de vida nunca ninguém tinha conseguido ter lucidez e perseverança suficientes para acompanhar uma conversa dela até ao fim. Mas Rodolfo também não era um homem qualquer e tentava a muito, muito custo, acompanhar as conversas que tinha com a sua empregada doméstica. Quer dizer, aquilo de conversa não tinha nada. Eram monólogos.

Naquele dia, no entanto, Rodolfo estava perdido com a situação da Seiva da Crise e não tinha cabeça para aturar aquelas deambulações da linguística da D.Zirinha. Por sorte, o telefone tocou a tempo de impedir que a D.Zirinha introduzisse mais uma meia dúzia de primos e outros tantos tios no meio da conversa com o Sr. Eng.

Era Azevedo do outro lado da linha. Tinha novidades sobre os testes aos efeitos secundários da Seiva da Crise.

Confirma-se Sr. Engenheiro. Recolheram-se embalagens em vários pontos do país e já se fizeram testes a cerca de 60%. Em todos os casos confirma-se o efeito secundário diarreico.

O engenheiro disse aquilo que em 49 anos de vida nunca se lhe tinha ouvido proferir.

Ah puta de merda!

Azevedo, que conhecia a boca santa do engenheiro, mais limpa do que a batina de um padre, poderia até ter pensado que tinha ouvido mal, não fosse o engenheiro complementar a merda da puta com mais umas quantas variações, algumas bem criativas até, de caralhos e fodasses. Era como se um vulcão adormecido de repente começasse a cuspir lava. E como ele cuspia.

Azevedo achou por bem deixar o pobre do homem desabafar por ali fora.

Zirinha, que se tinha posto estrategicamente a polir um cadeirão da sala, de onde estava em boas condições de ouvir a conversa telefónica do patrão, até arregalou os olhos de espanto à primeira puta. Que arrelias que o patrão devia ter, um homem tão educado que ele era. O homem educado nem sequer ouviu quando Zirinha se despediu com um até amanhã meio a medo, não fosse o Sr. Eng. mandá-la também a ela para o diabo.

Ó Azevedo, você desculpe estes meus desabafos, homem. Eu não estou em mim, estou de cabeça perdida com esta merda toda. Tanto investimento, tanto trabalho, tanto controlo. Como é que isto pôde acontecer?

Pois que não se sabia. O embalamento das primeiras remessas tinha sido feito de acordo com todas as regras de qualidade e segurança. Não era um problema de produção, isso era certo.

Você tem a certeza que a actual produção está em ordem?

Disso não há dúvida, Sr. Eng. O problema que aconteceu teve que ver com o armazenamento antes da expedição. Seria talvez sabotagem industrial?

Disso duvidava o Eng. Rodolfo. Mesmo sendo algo novo, ninguém podia prever o sucesso inacreditável da Seiva da Crise. Havendo uma situação de sabotagem teria sido mais crível que tivesse acontecido agora, depois de consagrado o sucesso da seiva, e não nas primeiras remessas.

Um quebra-cabeças do caralho, é o que é. Amanhã vamos rever os registos do controlo da qualidade. Temos de tirar esta merda a limpo.

A partir desse momento Azevedo percebeu duas coisas, enquanto Rodolfo não descobrisse o que tinha acontecido não havia de ter descanso e pelo menos até esse momento, era preciso aturar-lhe a nova linguagem pejada de vernaculidades.

****

A notícia chegou à comunicação social ainda no final dessa semana. A informação tinha surgido da própria FijeLab, na pessoa do Eng. Rodolfo Guilhião que explicou que os primeiros lotes da Seiva da Crise estavam já a ser recolhidos do mercado, pois tinha-se verificado que estavam a provocar alguns efeitos secundários indesejáveis, como era o caso de alguns incómodos intestinais. Aos consumidores que ainda estavam na posse de Seiva da Crise assistia naturalmente o direito de procederem à troca do produto. Para isso bastaria contactarem gratuitamente uma Linha de Apoio da FijeLab, verificarem se o seu produto pertencia a um dos lotes afectados e solicitarem a troca. A FijeLab encarregar-se-ia da entrega do novo produto no domicílio do consumidor, no espaço de uma semana.

O comunicado feito pelo Sr. Eng. alongava-se ainda numa série de explicações sobre a origem do problema e mencionava o facto de se ter tratado de um problema de armazenamento que estava a ser investigado ao pormenor. A comunicação terminava com a garantia de que os lotes actualmente em distribuição tinham sido testados e se encontravam em perfeitas condições de consumo.

CAPÍTULO XI - Uma questão de finanças

Noémia acordou de sobressalto e deu três biracús que fizeram o Náná Pintado cair abaixo da cama. O que foi, Bijú? Era incrível como o Pintado não largava aquela afinidade às designações da padaria. Crescer numa família de padeiros e confeiteiros é no que dá. Noémia, por outro lado, tinha crescido numa família de advogados. Por isso, em vez dos bijús e seus derivados, foi com um "cala-te e dorme Fernando" que respondeu à pergunta. Enfiou-se na casa de banho, lavou a cara com água fria, deu uma espécie de berro de desespero e de mãos apoiadas no lavatório olhou em frente ao espelho e pensou que talvez tivesse um problema de saúde muito grave, que não conseguia perceber de todo que raio de situação era aquela em que se encontrava.

Noémia não estava bem, nos últimos dias andava a sonhar com coisas estranhíssimas, chorava por tudo e por nada e estava a perder a sua frieza habitual em tribunal, enfim, um desespero. Por pouco não se tinha desmascarado no outro dia em frente à Anabela, uma advogada lá do escritório que lhe entrou pelo gabinete dentro com um problema pessoal. Dra. Noémia, desculpe, eu vou ter que sair agora, está bem? Houve uma inundação lá em minha casa, o meu vizinho acabou de me ligar, disse Anabela preocupada. Noémia já estava a sentir também uma pequena inundação de lágrimas a afluirem-lhe aos olhos perante aquela visão de tacos levantados, móveis possivelmente estragados e uma data de chatices. Foi a muito custo que conseguiu articular um "Vá lá então Anabela. Trate disso." sem se descompor, mas assim que Anabela fechou a porta atrás de si, Noémia foi carpir para a casa de banho por entre lamentos que pareciam nunca mais acabar. Azar dos azares, assim que regressou ao gabinete já a sua secretária se encontrava lá plantada à espera de umas assinaturas para uns processos e perante a constatação dos seus olhos inchados e vermelhos, Noémia viu-se forçada a inventar que lhe tinham riscado o Porsche no parque de estacionamento nesse dia e que estava muito triste por causa disso. Claro que a eficiente secretária providenciou imediatamente a recolha da viatura para reparação e foi mesmo à rasquinha que Noémia conseguiu escapar-se a tempo de fazer um valente risco no carro para corroborar aquela trapalhada toda.

Assim tinham sido os últimos dias de Noémia, um verdadeiro campo minado prestes a explodir a qualquer momento.

Noémia não percebia nada do que estava a acontecer e enquanto se via ao espelho teve verdadeira dificuldade em reconhecer-se. Ali ficou imóvel durante aquilo que lhe pareceram ser horas a fio.

Encostou-se à parede de azulejos da casa de banho e deixou-se deslizar muito devagarinho até se sentar no chão e assim ficou inanimada como se não houvesse um único pensamento que lhe afluísse à mente.

Ao romper da madrugada sabia finalmente o que fazer.

Saiu de casa assarapantada ainda a tempo de ouvir um "Rosquinha, que se passa?" meio ensonado do Pintado, mas Noémia já ia porta fora.

****

Ó Sr. Pereira, está ali uma senhora advogada a dizer que quer pagar impostos atrasados.

Pereira espreitou por detrás do jornal desportivo. Mau, ainda agora tinha começado a trabalhar e já vinham os funcionários interromper-lhe a leitura.

Ó Pires, então você não pode tratar disso?

Ó Sr. Pereira, eu não sei que lhe hei-de fazer. Ela não traz nada para pagar. Ela diz que não declarou os rendimentos.

Mas que rendimentos?

Não sei, Sr. Pereira, eu também não percebo muito bem. O melhor era o senhor lá ir e ver o que a senhora quer.

Pereira levantou-se mau grado para ir encontrar uma Noémia descabelada e com nervoso miudinho por detrás do balcão de atendimento.

Faz favor.

Veja, está tudo aqui. Tudo aqui. Noémia puxou de três cadernos rascunhados com balancetes, balanços e outros meandros da contabilidade que eram incompreensíveis aos olhos de Pereira.

A senhora desculpe, a senhora que quer?

O seu funcionário não lhe disse?

O que é tudo isto?

Tá aqui. Veja, veja, Tudo, tá aqui tudo.

Mas tudo o quê?

Veja, olhe, olhe.

Noémia ia virando páginas e páginas de anotações, abria cadernos cheios de folhas amareladas com números e mais números e datas e IBAN`s e sabe-se lá mais o quê.

Tá a ver? Olhe, olhe 1996...veja 234.567.923 *childes*...olhe, olhe que barbaridade.

Mas minha senhora, disse Pereira enervado com aquela confusão toda de papelada que lhe era incompreensível, afinal o que é isto?

Olhe, olhe, eu tenho os anos todos..eu tenho tudo, percebe? Olhe aqui, ainda no ano passado 3.345.678 *Euronuts*. Tá a ver? Eu tenho tudo, essa é a minha sorte. É ter sempre anotado tudo, tudo o que foi real, percebe?

Não, não percebo nada. O que é que a senhora quer?

Ouça eu tenho impostos para pagar está a perceber? Tá tudo aqui. Tudo. Onde é que eu tenho de assinar?

A senhora não tem uma senha para pagar pela Internet?

Mas qual senha, qual carapuça! Veja isto, isto tudo...isto já lá não vai com senhas de Internet. Eu quero pagar tudo agora, eu estou desesperada, percebe?

Mas isto é alguma brincadeira?

O senhor acha que eu estou com ar de quem está a brincar?

Não estava, de facto. Noémia estava tudo menos com ar de brincadeira. Vestida com uma gabardina bege mal ajambrada, apertada à pressa, por onde se podia vislumbrar parte de uma camisa de noite aos folhos cor-de-rosa, uns botins esverdeados que havia lá por casa e que foram a primeira coisa que lhe veio aos pés, totalmente descabelada e contra seu costume sem pontinha de maquilhagem que retocasse os 50 anos de cara, não parecia efectivamente com ar de quem estivesse a brincar.

Mas minha senhora, a senhora não pode chegar assim de repente a uma repartição de finanças e querer começar a pagar...

Então mas os senhores não estão aqui para receber o dinheiro dos contribuintes?

Sim, mas as coisas têm os seus procedimentos. Isto não pode ser assim.

Então, mas porquê?

Porque os contribuintes têm de pagar ano a ano os seus impostos. Isto não está previsto na lei.

Mas eu quero pagar e quero pagar agora, homem!

Vamos lá a ver se a gente se entende: este país está a atravessar problemas sérios. Este país está na crise, eu estou com muito menos pessoas na repartição. As pessoas têm que vir para aqui com os devidos formulários preenchidos.

Ouça lá, você é obtuso, ou quê?

A senhora faça o favor de me falar com termos, disse Pereira, apesar de não fazer ideia nenhuma que significaria aquela coisa do obtuso, mas não lhe parecia ser nada de muito simpático. Aquilo era linguagem de advogado.

Eu estou-lhe a dizer que não ando a declarar rendimentos desde 1996, percebe?

Mas isso não pode ser.

Não pode ser?

Não. Os impostos são para ser pagos todos os anos.

Isso sei eu. Mas eu não paguei.

Se a senhora não pagou é porque não tinha matéria colectável. Portanto está tudo em ordem.

Noémia estava a pontos de ter um ataque de nervos.

Olhe, chame-me o seu responsável.

Eu sou o responsável da repartição, minha senhora.

Ouça, pela última vez, eu tenho, eu preciso de pagar estes impostos, está a entender?

Noémia parecia agora absolutamente desvairada.

Ocorreu a Pereira de repente que talvez aquilo fosse uma cena para os *Apanhados da Função Pública*. No ano anterior, o governo tinha chegado à conclusão que os funcionários públicos andavam demasiado sorumbáticos e precisavam de se rir mais. Estudos encomendados a empresas públicas especializadas nesta matéria tinham revelado, depois de meses de análise profunda, que a tristeza dos funcionários se devia aos mais variados cortes salariais e de subsídios que estes tinham sucessivamente sofrido. Ao governo aquela explicação simplista parecia disparatada e até antipatriótica - que diabo, afinal qualquer funcionário público deveria sentir orgulho em poder contribuir para salvar a pátria da bancarrota. Depois de longa deliberação em Conselho de Ministros, tinha sido aprovado fazer-se uma espécie de *Apanhados* apenas circunscritos à função pública, com cenas caricatas que fizessem os funcionários rir, a ver se o ânimo aumentava.

Pereira estava agora convencido que era disso que se tratava, que pela primeira vez desde que o programa existia tinha sido selecionada para a brincadeira uma repartição em Fijecas de Baixo.

Ó minha senhora, eu já percebi tudo. Mas a senhora é nova, não é? Que eu a si nunca a tinha visto na televisão...Onde é que está a câmara? Isto é para os Apanhados, não é?

A única coisa que se ouviu a seguir foi o som seco do punho de Noémia a atingir o nariz de Pereira.

****

Quando Náná Pintado entrou na esquadra fijequense foi imediatamente abordado pelo Chefe Dias que o encaminhou para o seu gabinete.

Eu tentei abafar o caso o mais que pude. O Sr. Pintado sabe que eu tenho muito respeito pela sua senhora.

Isto é muito desagradável para a minha mulher. O Chefe Dias bem sabe como as pessoas deturpam tudo. Isto é capaz de se vir a saber no nosso círculo social.

Eu compreendo, é muito desagradável mesmo. Eu estou disposto, como disse, a abafar o caso o mais possível. Afinal dias maus todos nós temos. E depois ainda é esta coisa da crise, os nervos das pessoas estão à flor da pele.

O tal Pereira não tirará a queixa?

Aquilo não foi bonito... O homem foi parar ao hospital com a cana do nariz partida e a escorrer em sangue. E parece que depois da agressão ao chefe da repartição a sua senhora teve uma espécie de esgotamento nervoso e queria agredir os outros funcionários. Quando eu cheguei às finanças estavam todos fechados na copa barricados com um grande armário da cozinha e a gritar por socorro.

E agora o que se há-de fazer?

Pois não sei, talvez fosse melhor o senhor doutor...hmm..hmm...falar com eles.

Falar-lhes à carteira, quer o Chefe Dias dizer, é isso?

Nos tempos que correm é talvez mais eficaz do que lhes falar ao coração.

Náná saiu da esquadra a pensar que tinha um grande bico de obra para resolver.

CAPÍTULO XII – O regresso de Aurélio

O telefone tocou às quatro e meia da manhã em casa do Eng. Rodolfo. Era Aurélio.

Decidi sair daqui agora. É certo que não te importas que vá para tua casa temporariamente?

Rodolfo pensou que não tinha percebido bem. Ainda há uma semana atrás o tio se recusava determinantemente a sair da casa de repouso.

Não, claro que não. Mas aconteceu alguma coisa?

Pareceu a Rodolfo que aquela pergunta soou quase como insultuosa aos ouvidos de Aurélio.

Aconteceram muitas coisas. O meu país está de pernas para o ar e eu estou metido numa casa de repouso, armado em maluco a ter sessões de reflexão e iogas e sei lá mais quê.

Quando é que o posso ir buscar?

Não precisas. Eu não consigo ficar aqui nem mais uma hora.

Mas como é que vem?

De táxi.

Ia desligar mas lembrou-se de algo importante.

Rodolfo? Levo pão quente.

E desligou.

****

Por volta das cinco e meia da manhã a campainha tocava em casa de Rodolfo.

Aurélio entrou com uma mala ensopada pela chuva e um saco de pão que já vira melhores dias, deu um abraço carinhoso ao sobrinho e logo a seguir pregou-lhe um grandessíssimo tabefe num braço.

Como é que tu foste capaz de me deixar fazer esta figura de tolo ao longo de três anos? E como é que me pudeste esconder a loucura que vai neste país?

Rodolfo ainda a massajar o braço interrompeu-o veementemente.

Puta que pariu, disse ofendido e desta vez conseguiu parar a tempo a mão irada de Aurélio que se preparava para lhe desfechar um segundo sopapo como punição por aquela linguagem tão inaceitável num Guilhião digno do nome.

Desde quando é que tu falas assim?, exclamou Aurélio enquanto despia o sobretudo e descalçava os sapatos molhados.

Deixe-me pensar...talvez desde que fui o causador da caganeira nacional do século XXI e fui indigitado arguido por causa disso, respondeu Rodolfo em tom irritado.

O quê? Tu és arguido?

Pois sou.

Mas porque razão?

Por crime de lesa-pátria. Diarreia colectiva, mais propriamente. Causada pela minha seiva. A população purgaltense está a sofrer de um incómodo intestinal nunca antes visto no mundo inteiro. Em consequência disso, o país corre o risco de não se desenrascar de forma limpa. Aliás, seria até paradoxal que nós pudessemos sair limpos desta borrada toda.

Como assim?

Agora que estávamos prontos para ficarmos limpinhos, eu borrei tudo, literalmente.

Aquela frase era tão trágico-cómica que acabou por provocar um ataque de riso nervoso em Rodolfo:

Isto nunca pode ser um crime de lesa-pátria. Eu não sou jurista mas, quanto a mim, um crime desses implicaria que tu tivesses intenção de sabotar o processo com a R.A.S.C.A. Como é que se prova o nexo de causalidade entre a produção de uma seiva e essa gente rasca?

Eu não sei como é que se prova, só sei que estou lixado. Para não dizer pior.

Sabes uma coisa, às vezes tenho vergonha de ser purgaltense. Com tanta cagada que esta gente toda tem feito há décadas vão por-te um processo a ti por causa de uma merda destas... Desculpa-me o termo.

Esteja à vontade, tio. Nos últimos dias o meu vocabulário tem sido bastante fértil em vernaculidades bem piores.

Temos que te arranjar um bom advogado, é o que é. Um desses que é capaz de ganhar qualquer coisa.

Eu falei com o Pinto lá da empresa. Mas ele tremeu como varas verdes quando leu a intimação. O tipo só percebe de Direito Comercial. Meteu os pés pelas mãos para não me dizer que não, por isso acho que vou precisar de outra pessoa. Mas, deixemos isso, por agora. Explique-me lá o que aconteceu para o tio vir parar a minha casa desta forma súbita.

Não sei, não sei o que me deu. Eu fui feliz nestes três anos a viver para o conhecimento teórico, sem pensar no que se passava no mundo, afastado destas manigâncias políticas que tanto me enojaram. E depois naquele dia tu foste visitar-me e alguma coisa mudou. Aquele teu secretismo quanto à seiva que estavas a fabricar deixou-me intrigado. Não conseguia dormir, não conseguia tirar aquilo da cabeça. Para que seria aquilo? Sabes aquela sensação que temos quando não nos lembramos de alguma coisa que está mesmo, mesmo debaixo da língua e queremos tanto lembrar-nos que não conseguimos pensar em mais nada? Foi o que me aconteceu. Andei assim três dias. Algo me dizia que o mundo estava ainda mais estranho do que aquele que eu tinha deixado quando entrei nos *Dias Felizes*. Esta noite levantei-me e fui deambular pela biblioteca porque não conseguia dormir e foi aí que vi o computador, ali a um passo de me revelar factos que eu nem podia imaginar. A um clique de distância. Não resisti. Sentei-me e devorei notícias durante horas. Quase tinha um ataque cardíaco quando percebi que Le Zézinho Filósofo era agora comentador político. Quem o ouve falar até nem lhe atribui culpas na situação desgraçada a que este país chegou. E quem é este tipo que agora é Ministro-Mor, o Pegadas Lebre? Donde é que essa criatura saiu? Não sei muito bem se hei-de pensar que o homem é uma espécie de herói nacional no meio destas *irrevogavilidades* todas ou um pateta do mais alto calibre. Mas foi mesmo quando vi um vídeo com os disparates que o Presidente da Nação tem dito e feito ao longo destes três anos que percebi que não podia ficar ali nem mais um dia. Foi quando te liguei. A minha cabeça ainda está em água. E agora ainda mais esta história contigo. Valha-nos Deus. Tens alguma coisa que me acalme os nervos? Um rebuçado de mentol, um chá de tília, uma garrafa de vinho do Purgalto?

Enquanto Rodolfo abria um vinho purgaltense reserva dos anos 90, o tio continuava a expor os seus pensamentos.

Eu estava errado Rodolfo, eu estava totalmente errado. Por muito que tudo isto me enoje, optar por ignorar a situação é compactuar com ela. Hoje percebo que desisti, compreendes? Eu nunca me devia ter demitido.

Mas mais cedo ou mais tarde o tio acabaria por ser demitido. Veja o caso do Ministro da Economia que tivémos antes deste que lá está agora...

Com grande probabilidade seria o que teria acontecido comigo também, mas enquanto lá estivesse mantinha-me firme nas minhas convicções. Ou seja, teria sido melhor para o país.

Tanto é ladrão o que rouba como o que deixa roubar...

Nem mais. Isto vai ter que mudar, Rodolfo. A começar por este imbróglio em que tu estás metido. Tu vais safar-te disto. E eu vou ajudar-te.

CAPÍTULO XIII - Hecatombe

Era uma manhã como tantas outras.

Os carros enfileiravam-se pelas vias mais percorridas da cidade, os cacilheiros atravessavam o rio na sua aparente lassidão, trazendo e levando a cada uma das margens pessoas atarefadas, que saíam afundadas nos seus pensamentos, ignorando os vislumbres de luminosidade que já começavam a despontar na capital e que tornavam a cidade única. Os táxis circulavam em número significativo pelas ruas despertas e nas confeitarias ouvia-se o tilintar dos pires na azáfama matinal e sentia-se no ar o aroma do café, do pão quente e dos bolos acabados de sair do forno.

Àquela hora da manhã, ninguém podia prever que nessa mesma noite o país mergulharia num caos absoluto e se afundaria numa verdadeira hecatombe.

O primeiro sinal de que aquele dia era diferente dos outros veio do deputado Nuno Florinha, assim que este se dirigiu ao púlpito da Assembleia da Nação para dar início à sua intervenção sobre a milionésima vinda da trupe dos rascas ao país. Ao observador mais atento não teria escapado que havia ali uma estranheza qualquer no homem, mas a uma audiência relativamente entretida com os últimos *posts* do *facebook* era mais do que natural que aquelas subtilezas do comportamento tivessem passado despercebidas.

O discurso fluiu da forma habitual em politiquês "...mais do que comprovada incapacidade deste governo de promover o crescimento económico..." passando pela inevitável "...tragédia do desemprego que atingiu níveis históricos..." e culminando naturalmente "...num corte de despesa pública que este governo prometeu ao país e não cumpriu...". Os "muito bem" iam-se ouvindo de quando em quando, intervalados por uns quantos aplausos sonoros.

A dada altura, o líder da bancada parlamentar do partido do Florinha começou a notar-lhe um certo tremelicar de olho que era atípico. O gajo deve ter um seixo enfiado no olho, comentou ele com o colega do lado, assim que o tremelicar passou a ser notado por mais alguns deputados. Mas infelizmente aquela estranheza ocular não tinha vindo só. Florinha coçava agora a cabeça com um ar de estúpido que lhe era inédito, como se tivesse perdido a noção de onde estava e engasgava-se por entre uns   "...mas,   Srs.   Deputados...mas   como dizia...mas..efectivamente...mas..."

O líder da bancada parlamentar estava um tanto ao quanto incomodado com aquele engasganço tão pouco comum num deputado daquele gabarito. Fez-lhe gestos a ver se o gajo abreviava aquele discurso estranho que estava a afundá-los.

De repente Florinha ficou literalmente embasbacado, como se tivesse sofrido um choque terrível que o fizesse definhar, como se alguém lhe tivesse ligado de casa a dizer que a sua preciosa Teresinha tinha ficado cinco minutos a mais no solário e não se distinguia de um grão de café.

A presidente da Assembleia da Nação achou por bem intervir e perguntar ao deputado se se sentia bem. Nuno Florinha moveu-se lentamente, respirou fundo, olhou bem de frente a audiência e disse "Não, senhora Presidente da Assembleia da Nação, não me sinto bem" e proferiu depois as palavras que haviam de ser repetidas infinitas vezes nos meios de comunicação social "Sra. Presidente da Assembleia da

Nação, Sras. e Srs. Deputados, minhas senhoras e meus senhores, eu sou uma consumada besta e infelizmente nesta minha condição de besta não me encontro só".

Silêncio sepulcral. Seguido de risadas de uns, embaraços de outros, murmúrios de terceiros, apupos dos cantores que estavam na galeria.

Ordem, por favor. Mantenhamos a ordem, gritava a Presidente da Assembleia da Nação enquanto o adjunto procurava, aflito, a ver se havia protocolo que regesse aquela situação.

O país não era alheio a casos cacofónicos relacionados com políticos. Já se tinha visto de tudo, deputados que se cagavam para o segredo de justiça, outros que se insultavam com gestos corníferos em plena ordem de trabalhos, presidentes que se vinham queixar das reformas baixas que tinham, outros que se referiam à comunicação social como uma cambada de bastardos e de filhos da puta, enfim a escolha era variadíssima. Mas o que era incomum era que aqueles tipos se auto-insultassem. Isso o povo nunca tinha visto.

A presidente da Assembleia não sabia muito bem como reagir àquela situação, se havia de mandar o deputado sentar-se, por estar obviamente perturbado, se havia de lhe elogiar a franqueza - ela própria tinha constatado muitas vezes esse seu lado de besta. Foi então que da bancada do partido comunista se ergueu uma mão tímida. A presidente, ainda não sabendo muito bem como sair daquele imbróglio, resolveu passar a batata quente "Tem a palavra o Sr. Deputado", disse ela. "Eu também". "O Sr. Deputado, queira desculpar, o Sr. Deputado também o quê?" "Eu também sou uma grande besta, Sra. Presidente. Aliás, devo dizer a todos os deputados deste plenário e aos meus camaradas em particular, que tenho sido, ao longo de toda a minha vida uma besta colossal. Enquanto professor que fui do ensino secundário, fui sempre medíocre e é do conhecimento de toda a gente que eu não tenho os fusíveis todos no sítio".

O incómodo que se fazia sentir no plenário era óbvio. Se à primeira besta o parlamento tinha ainda reagido com uma apreensão mais ou menos controlada, a partir da segunda besta o caso começou a mudar de figura e a incredulidade perante a situação estava manifestamente estampada na cara de todos.

Foi então que se levantou um deputado de grande peso da bancada de cor rosa desbotado e todos os que lhe pertenciam em ideologia política pensaram que se ia agora finalmente pôr cobro àquele absurdo.

Senhoras e Senhores Deputados, é com grande incómodo que vejo que nesta sessão nos temos estado a afastar do objectivo primário da nossa democracia que é o de servir o povo. Servir o povo com integridade, com justiça e, acima de tudo, com verdade. Eu devo dizer, com todo o respeito que tenho por estes dois senhores deputados, e não querendo desconsiderá-los na sua condição de bestas, que se há aqui alguém que poderá chamar a si esse papel, esse alguém sou eu. Eu não me quero gabar mas posso com grande certeza afirmar que estou no top de bestas deste plenário e não admito que os senhores deputados anteriores me queiram usurpar este rótulo. Vejam-se as *bestialidades* que fiz enquanto Secretário de Estado dos Assuntos Desernegéticos. Tanto assim é que, para fazer jus a esta minha condição, me recuso a falar de ora em diante e passarei apenas a zurrar pois parece-me esta atitude muito mais coadunante com a minha pessoa.

E terminou com um tal zurro que até as cadeiras tremeram e os cantores das galerias se calaram.

Nuno Florinha levantou-se de um ápice e gritou alto e bom som:

Não engane o povo, senhor deputado. Que o senhor seja burro, limitado e um buçalzito que precisa de um carro grande para se sentir gente ainda vá. Agora besta, besta sou eu, senhor deputado. E os factos falam por si. Eu nunca fiz nada na vida, senhor deputado. Toda a gente sabe disso. Quando é que o senhor deputado me ouviu expor uma ideia? Nunca. E sabe porquê senhor deputado? Porque eu não as tenho. Não me interrompa senhor deputado, disse Florinha quando os zurros do outro começaram a ficar ensurdecedores, não me interrompa.

Acabem lá com esta fantochada, gritou uma das ministras que se encontrava presente. Sra. Presidente da Assembleia da Nação, continuou, há que pôr termo a este devaneio estranho que para aqui vai. Temos para hoje pontos de agenda importantíssimos a tratar, como por exemplo a aprovação do projecto-lei que define o número de hamsters que os purgaltenses podem ter em casa. Peço que se imponha respeito para que se continue com a ordem dos trabalhos.

Na sua casa em Fijecas de Baixo, Zirinha que estava a arrumar a cozinha com a televisão ligada que emitia em directo do plenário, até se tinha perguntado se o Nuninho e o resto daqueles senhores engenheiros e doutores teriam bebido alguma coisa e estivessem de piela.

Numa outra casa, no centro da capital, onde a televisão também estava ligada, uma Marieta dizia para o marido "Ó homem, por amor de Deus anda cá, tu desta agora é que não te safas mesmo. Olha a confusão que para aqui vai, vais ter de te impor". O Presidente, só de pensar que poderia ter que tomar uma atitude, começou a desenvolver uma tal dor de estômago que teve de ir a correr para a casa de banho. Foi preciso uma boa meia hora para o pobre do homem abandonar o conforto da retrete e regressar à sala.

Isto está uma loucura lá na Assembleia, disse-lhe a Marieta com uns olhitos ansiosos como quem está à espera que a qualquer momento o tecto lhe vá cair em cima.

Já houve para aí uns dez deputados que se levantaram a dizer que são umas bestas, quer dizer houve um que disse que besta era capaz de ser um poucochinho exagerado mas quanto a ser estúpido como as portas, disso não havia dúvida.

Tu vai mas é já acender umas velas à N. Sra. do Purgalto para ver se ela me ilumina que eu não sei como é que me hei-de livrar disto. Porque é que me havia de sair na rifa esta cambada de garotos? Ainda dizem que eu fiz a vida negra ao Presidente quando fui Ministro-Mor. Eu e o meus governos fomos uns santos comparados com esta garotada que para aqui vai.

Nesse preciso momento, levantava-se o Vice Ministro-Mor para dizer que pessoalmente não se revia na condição de besta que parecia estar a invadir o plenário mas que o Ministro-Mor era capaz de estar solidário com a generalidade dos deputados e que teríamos que tirar daí ilações irrevogáveis.

Este Judas - exaltou-se o Presidente da Nação que estava agora a ouvir atentamente o que se passava na Assembleia - este grande Judas... nem na presença desta catástofre é capaz de estar solidário com o governo. Eu devia ter dissolvido este governo da tanga quando tive possibilidade para isso, quando este grande Judas fez aquela borrada toda há uns meses atrás. Mas porque é que eu não fiz isso? Porquê?

Ó homem, tem calma, tu sabes que agir não é o teu forte.

Estes garotos enxovalham-me desta maneira, estes fedelhos.

O Presidente estava verdadeiramente em pleno ataque de nervos, bradava com a televisão alto e bom som e até dizia palavrões, a ponto de provocar na Primeira Dama uma tal agonia mental que a pobre da mulher estava estática.

Marieta, por amor de Deus, torna-te útil. Vai fazer uma encomenda de velas que isto já lá não vai com as que temos em casa.

O Presidente, absolutamente furibundo, pegou no telefone e ligou para os serviços de apoio mas não apanhava ninguém. Finalmente lá o atendeu alguém da Casa Civil.

Ouça lá, ó Mota, mas então que é isto? Isto está nesta pouca vergonha há mais de meia hora e o meu telefone não toca? Vocês não se sentem na obrigação de me contactar? Eu serei algum palhaço ou quê?

O Mota entendeu aquela última questão como uma espécie de pergunta de retórica, não valia a pena responder.

Porque é que esta porcaria ainda está a emitir? Não haverá ninguém que mande cortar a emissão?

Mota ia responder, mas nem teve tempo porque o presidente emitiu um guincho assustado.

Chame o médico, Mota, a Marieta acabou de levar com um anjo de cera na cabeça e está catatónica.

CAPÍTULO XIV - Zirinha explica

Azevedo bateu à porta do gabinete do Eng. Rodolfo.

Entre, respondeu lá de dentro uma voz cavernosa que parecia estar a ser emitida do fundo de um poço.

Azevedo deparou-se com um verdadeiro espectáculo de papel espalhado por todo o lado. No meio o Eng. com um ar de desalento que até dava dó.

Mil quinhentas e cinquenta e duas cartas, trezentos e vinte e cinco mil E-Mails e mais trinta mil quatrocentos e vinte e quatro telefonemas, disse Rodolfo, tudo isto de gente a queixar-se da diarreia descomunal que a Seiva da Crise lhes provocou.

Não era de admirar que semelhantes dados estatísticos tivessem aquele efeito.

Veja Azevedo, disse Rodolfo enquanto lhe passava uma das muitas cartas que tinha na mão, veja bem esta carta. Isto é como quem me dá machadadas no coração...eu a querer ajudar o povo e veja o que provoquei.

A carta rezava assim:

Exmo Sr. Eng. Rodolfo Guilhião,

Como se não bastasse estarmos a definhar à conta deste Pegadas Lebre e da sua mascote, Miss Trocadero, que nos tentam arrancar couro e cabelo, ainda temos agora de aturar publicidade enganosa supostamente de remédios milagrosos que nos condenam a dias a fio enfiados na casa-de-banho.

Questiono-me que mentes perversas terão congeminado este plano de levar o país ao mais absoluto descalabro. Não tenho dúvida nenhuma que os lobbies da indústria do papel higiénico têm que ver com este assunto e não me admiraria nada se o descerebrado do nosso Ministro-Mor estivesse metido nisto.

A si, produtor desta seiva catastrófica, só tenho a dizer que o senhor é um oportunista e um vigarista da pior espécie.

Lamento ter de terminar por aqui (muito me agradaria continuar a insultá-lo), mas a casa-de-banho está a chamar-me novamente.

Com cumprimentos diarreicos,

Margarida Pires

O Eng. preparava-se para continuar com os lamentos, mas Azevedo interrompeu-o.

Eu tenho boas notícias.

Aquela frase soou como poesia aos ouvidos de Rodolfo.

Finalmente percebemos o que causou o efeito diarreico.

O Eng. levantou-se de um pulo.

Desembuche Azevedo, qual foi então a origem desta catástrofe?

Um aumento da temperatura no armazém. Os nossos estudos mostraram que a seiva é bastante sensível à temperatura. Ao atingir valores acima dos dezoito graus, a seiva pode mudar as suas propriedades e foi o que aconteceu, provocando o efeito secundário da diarreia.

Mas isso é impossível, a temperatura do armazém está regulada para os quinze graus, como é que é possível isto ter acontecido?

Houve um espaço de meia-hora em que a energia foi cortada e o termóstato deixou de funcionar..

Cortada? Mas cortada como? E por quem?

Pela Zirinha, Sr. Eng.

Ó Azevedo, não pode ser homem, por alma de quem é que a Zirinha havia de desligar a alimentação do armazém da tomada?

Para ligar o aspirador à corrente, Sr. Eng.

****

Ó Sr. Rodolfo, eu precisava de *ispirar* o armazém.

Ó Zirinha, mas eu expliquei-lhe que não podia mexer naquelas tomadas de alta-segurança, só nas que estão em baixo junto aos rodapés.

Eu sei que disse Sr. Rodolfo, mas é que nesse dia a minha *lóbalgia* nas cruzes estava por demais, eu *num* me podia abaixar.

O Eng. quase que ia tendo um ataque de nervos com semelhante resposta.

Mas ouça lá, Zirinha, as tomadas estão envoltas numa caixa de protecção de vidro e fechadas à chave. Onde é que você arranjou a chave?

Ah, não precisei, tinha um clip no bolso. Sabe é que aquele meu primo de que eu já lhe falei, o Custódio, ensinou-me este truque de abrir fechaduras com um clip. Só que isso foi antes de ele ir parar à cadeia. Foi pouca sorte, coitado. A mãe dele, a minha prima Adelaide é que chorou muito. Foi um desgosto para a vida toda. Mas essa minha prima sofreu muito toda a vida, o marido dava-lhe para ter *mantilhonas*, ele até era filho de gente de bem mas era um vadiolas....

Ó Zirinha cale-se por amor da sua prima Adelaide e do proxeneta do marido dela!, rebentou o Eng.

Zirinha pensou que de há um tempo a esta parte o Eng. andava com uns modos muito desagradáveis. Esta coisa da crise andava a pôr o povo todo maluco e até assim pessoas educadas, como era o caso do Eng., ficavam desvairadas.

Você é doida, mulher? Você não tem a noção das consequências dos seus actos? O país inteiro está com uma caganeira dos diabos por causa da sua lombalgia nas cruzes! Eu nem quero pensar como é que deve estar o PIB.

Isso...isso não são maneiras de falar comigo, disse Zirinha quando aqueles berros saíram fulminantes da boca do Eng. Eu não tenho nada que ver lá com esse *Pibe* ou lá o que é isso. Eu nem o conheço.

Quem salvou a situação foi Aurélio que estava nesse preciso momento a entrar pelo gabinete de Rodolfo adentro e se apercebeu do ocorrido.

...porque eu toda a minha vida não tenho feito outra coisa que não seja tratar desta família. Já quando o seu avozinho, que Deus o tenha, teve aquela *patite* que lhe deu para ficar de cama mais de quinze dias eu preparava-lhe aquela sopinha que ele gostava tanto. Que essa sopa até foi uma receita que me deu um rapaz que conhecia o meu falecido Sebastião, que Deus o tenha, que esse rapaz até andou na tropa com um outro que tinha perdido um olho em combate....

Ó Zirinha, vá para casa, disse Aurélio conciliador. O Sr. Rodolfo está um pouco perturbado com esta situação e agora não é uma boa altura para continuarem com esta conversa.

CAPITULO XV - Tsunami de bestas

As diversas estações televisivas ocuparam o jornal de horário nobre exclusivamente com aquele episódio trágico-cómico da Assembleia da Nação que acabou por ser unanimemente baptizado de "Tsunami de Bestas". Aquela catástrofe era tão surreal que até mesmo a imprensa internacional tinha noticiado o tema. " They are all Morons", "Bande de Cons" e "Dumm und Dummer" eram apenas alguns exemplos.

Zé Lobo Correia foi um dos pivots que conduziu o jornal dessa noite, anunciando os acontecimentos daquele fatídico dia, cujas consequências sociais, políticas e económicas seriam tão marcantes para o país que os manuais da História do Purgalto dos anos futuros haveriam de baptizá-lo como *a quinta-feira negra purgaltense*.

Os dados chocavam qualquer um, vinte e cinco por cento dos deputados da Assembleia da Nação acusavam o síndrome de besta, três ministros e cinco secretários de estado pareciam ter sido também contagiados por aquela espécie de doença social e tinham-se confessado ali mesmo, em plena ordem de trabalhos, como sendo uns consumados idiotas.

O Ministro-Mor, perante aquela catástofre tinha feito uma declaração de emergência ao país a garantir aos purgaltenses que tudo faria para que aquela situação atípica fosse esclarecida e resolvida e que todos em conjunto, bestas e não bestas, iriam conduzir o país a bom porto, agora que estávamos a ficar tão limpinhos para nos desenrascarmos em breve. Podiam estar todos descansados porque ele não se demitia.

O Presidente da Nação, como era seu costume, não disse nada, mas desta vez ninguém o levou realmente a mal, pois soube-se logo ao início da tarde que a primeira-dama tinha dado entrada num hospital da capital em estado de choque. Nada de grave, garantiam os médicos. Não se tratava de um caso de catatonia, apenas um estado de choque temporário. Nesse mesmo hospital estava também a presidente da Assembleia da Nação que, perante tal insubordinação, tinha tido um ataque de histerismo dos graves, estando agora já mais calma embora não conseguisse parar de recitar Simone Bonifácio, poeta, pensadora e filósofa dos anos 20, natural de Fijecas de Baixo. Já há 14 horas que estava naquilo, os médicos não sabiam esclarecer o que se passava. Encontrava-se na ala psiquiátrica do referido hospital e nem mesmo o efeito dos soporíferos fortes a fazia calar. Ainda na mesma ala estavam internados uns quantos deputados, entre eles o deputado zurrante que não parava de comunicar daquela forma incómoda e sempre cada vez mais alto. Os últimos zurros tinham atingido na ordem dos noventa decibéis a ponto de obrigar enfermeiras e voluntários a tratarem-no de auscultadores nos ouvidos, pois doutra forma corriam o risco de ficar surdos. Por ali andava também um ministro que insistia com as enfermeiras que era urgente fazer um *briefing* sobre a situação e até já tinha elaborado um pequeno texto que pretendia dar a conhecer à comunicação social o mais depressa possível por ser de extrema importância para o país. No papel que entregou às enfermeiras para ser veiculado para a imprensa podia ler-se:

"Não sou uma besta, só um maturado poio. Nem sei se constitucional, se inconstitucional."

Os juros da dívida pública tinham explodido em todos os prazos possíveis e imaginários e os mercados financeiros acusavam uma reacção absolutamente catastrófica ao ocorrido.

As diversas sumidades purgaltenses, que habitualmente comentavam os desenvolvimentos económicos e políticos do país, foram imediatamente chamadas às estações televisivas para proferirem comentários inteligentes como o de que os mercados não nos perdoariam semelhante cena Kafkiana e outras frases semelhantes que, de tão profundas que eram, impressionavam qualquer purgaltense de QI mediano.

Le Zézinho Filósofo foi um dos primeiros que se ouviu. Mostrava-se absolutamente atónito com a situação e discursava fluentemente como só um engenheiro propenso a filosofias do mais profundo nível consegue fazer.

Para ele era evidente que aquele descalabro a que o país tinha chegado era ainda consequência de não se ter aprovado o Pacman 4. Ter-se aberto as portas à equipa R.A.S.C.A. só podia desembocar numa enrascada ao mais alto nível e aí estava o resultado.

A jornalista que conduzia a entrevista contrapôs que não era possível concluir que aquele fenómeno pudesse ter origem na política governamental mas Le Zézinho disse não ter dúvidas que aquela confusão toda só poderia ter essa origem. A morte lenta do Estado Social a que vínhamos assistido estava a conduzir a uma calamidade sem paralelo no país. Continuando sem perceber muito bem aquele nexo de causalidade que o Eng. pretendia criar, a jornalista optou por perguntar o que teria de ser feito de imediato para estancar o mais possível os efeitos negativos daquele episódio. Para Le Zézinho era óbvio que era preciso devolver a voz ao povo, era a única forma de mostrar coerência aos parceiros da região e tentar diminuir as mazelas da situação.

De repente Le Zézinho Filósofo sucumbiu às palavras, que aliás eram muitas, e ficou apático.

Sr. Engenheiro?

Nada.

Sr. Engenheiro, está tudo bem?

Nada.

A jornalista já se preparava para propôr um intervalo na emissão quando, de repente, Le Zézinho Filósofo desatou a bater repetidamente com a cabeça na mesa, qual pequeno diabrete embirrado, enquanto gritava cada vez mais alto "BESTA, BESTA, SOU UMA BESTA!".

A emissão continuou (aquilo era melhor do que um reality show), acompanhando em directo a chegada dos paramédicos que imediatamente assistiram o pobre engenheiro que, para além de ter pregado dois bochechos a um dos que o tentava acalmar, esbracejava como um louco a ponto de ter que lhe ser posto um colete de forças dos mais resistentes para o controlar.

Numa outra estação televisiva Zé Lobo Correia entrevistava o comentador Henrique, conhecido por ter poucas papas na língua. Perante aquele caso insólito ele mostrou-se extremamente calmo, dizendo que o aumento absurdo dos juros da dívida a que tínhamos assistido nas últimas horas era realmente uma situação negativa mas não mudava significativamente o estado da situação purgaltense. Acrescentou também que via neste tsunami de bestas uma grande oportunidade de mudar o país. Não sabia que epidemia era aquela que estava a afectar os políticos purgaltenses mas uma mudança de espírito só podia ser uma coisa positiva.

O tempo havia de provar que o comentador Henrique estava absolutamente certo.

CAPÍTULO XVI - Amor à fijequense

Orgasmos só mesmo os do tipo climático. É aquele tipo de prazer que se tem quando se chega a um sítio paradisíaco e quente que nos faz ficar felizes. Destes, sim tenho tido. Dos outros nem por isso, disse Odete.

E o que é que conclui sobre isso?

Odete odiava aquela postura dos psicólogos. Se ela soubesse concluir o que quer que fosse não precisava de estar ali.

Isso é o que eu espero que o senhor me diga.

O psicólogo sorriu, informou-a de que tinham feito um excelente progresso naquela sessão e aconselhou-a a reflectir sobre a pergunta que lhe tinha colocado, para a qual Odete deveria trazer uma resposta na sessão seguinte.

Odete saiu do consultório a pensar que aquela profissão ainda conseguia ser mais fraudulenta do que a de político. É que aqueles tipos nem sequer se davam ao trabalho de prometer dar respostas a nada. Sentiu-se absolutamente estúpida por ter ido perder o seu precioso tempo naquilo. Ainda por cima, como figura pública que era, tinha que ter cuidados extra quando usava determinado tipo de serviços. É evidente que poderia ter recorrido a um psicólogo fijequense, afinal aquela treta do código deontológico devia servir para alguma coisa. Mas Odete vivia de acordo com o lema "antes prevenir do que remediar" por isso nunca na vida arriscaria expor a sua intimidade a alguém que a reconhecesse. Tratou de marcar ela própria a consulta sob um nome falso numa cidade bem longe de Fijecas de Baixo, preveniu-se com uma peruca loira, que não desfazendo lhe ficava até muito bem, e ainda rematou com uns óculos de aro grosso que tinham voltado à moda.

Agora já no carro e livre dos acessórios que lhe tinham servido de disfarce estava certa que não voltava a mais uma sessão daquelas. Começava pelo facto de ser deveras incómodo falar sobre aquelas questões sexuais a um perfeito desconhecido. E depois era a situação em si. Num mundo bastante dominado pelo dogma do bom sexo, Odete encaixava-se mal por ser mais do tipo assexuado. Nunca tinha gostado muito daquilo e achava-se com muito pouco jeito para a coisa. Ainda por cima, a política tornava o sexo uma grande complicação. Era a tal coisa de ser uma figura pública e de se expor. O medo de que podia ser realmente muito má na cama, e de que esse facto viesse a tornar-se conhecido, era mais forte do que a vontade de continuar a experimentar. Por isso, tinha-se transformado num ser meio assexuado que muito provavelmente ninguém imaginaria que era.

No entanto, nos últimos tempos as coisas tinham começado a mudar. Mais propriamente desde que privava mais frequentemente com o Sr. Eng. Rodolfo. Aquele homem era a antítese de Odete: mecenas da cidade, bem intencionado, um verdadeiro tótó. Mas era aquele tótózinho que a andava a pôr louca. No início Odete pensou em explicações diversas para justificar os suores frios e os batimentos cardíacos que a andavam a atacar cada vez mais amiúde. Seria uma pré-menopausa? Fez exames, nada. Depois constatou que aquela loucura só a atacava em dias em que privava com o engenheiro.

Era aquela bondade pueril do homem que a punha fora de si. Não é que o homem fosse inocente ou estúpido ou mesmo o tal tótó que ela tinha pensado que ele era, era mesmo uma questão de escolha de vida, o homem era por opção uma pessoa íntegra e sem mácula.

Era como a água pura da fonte.

E tanta pureza assim perturbava Odete.

Estava a ser cada vez mais difícil conviver com o engenheiro. Como ela inicialmente lhe tinha demonstrado que tinha imenso interesse no projecto da Seiva da Crise, ele vinha amiúde visitá-la à Câmara Municipal e contar-lhe as novidades sobre o tema. A situação estava a tornar-se insuportável. De cada vez que ele entrava pelo gabinete dela adentro era como se uma tropa de cavalos a invadisse. Odete nunca até então tinha tido uma experiência semelhante. Aquele homem perturbava-lhe a calma e assim que o via ficava numa agitação infernal. O batimento cardíaco acelerava de uma tal forma que ela às vezes tinha medo de explodir de repente. Era como passar de conduzir um Citroen 2 CV para um Bugatti Veyron. Ninguém podia controlar uma situação daquelas. Ela bem tentava acalmar-se com um vinhinho do Purgalto mas nem a bebida, que até aí tinha sido sempre a sua fiel aliada, a ajudava naquela situação.

No último encontro a coisa piorou. A récua galopante começou mesmo antes de ela o ver. Era insuportável, era como se agora tivesse um sensor que lhe fizesse disparar a euforia de batimentos apenas porque ele estava por perto, mesmo que ela não o visse.

Foi por isso que tinha decidido consultar um psicólogo, para ver se com ajuda profissional podia primeiramente perceber o que se passava e depois arranjar forma de pôr termo àquilo tudo.

Mas agora percebia que não era nenhum psicólogo que a ia livrar daquele problema.

Ocorreu-lhe que quem talvez a pudesse ajudar era mesma a irmã. Afinal Teresa tinha andado a ter sexo do outro mundo durante 18 anos. Isso devia dar-lhe pelo menos uma equivalência ao nível do Dr. Machadinha da Paz.

Decidiu falar com a irmã nesse próprio dia.

****

Rodolfo chegou pontualmente a casa de Odete às oito horas daquela noite.

Seguindo os conselhos da irmã ela tinha-o convidado para um jantarzinho em sua casa, a ver se havia faísca entre ambos. Ou melhor, a ver se havia faísca da parte dele, pois no que tocava a Odete já se sabia que ali havia uma central eléctrica.

Ele trouxe-lhe um ramo de tulipas que sabia serem as suas flores preferidas.

Muito obrigada Rodolfo, disse ela a custo, pois a récua já lhe parecia querer sair gargalo fora.

Está tudo bem Rodolfo?, perguntou ela quando lhe notou um ar de preocupação estranho.

Ele bebeu dum trago o vinho que ela tinha preparado para os dois e desabafou.

Não, está tudo virado de pernas para o ar. Raios partam a Zirinha e mais o diabo da lombalgia. A seiva provocou uma diarreia terrível aos consumidores, a minha vida tem sido um pesadelo nesta última semana. Foda-se. E imediatamente levou a mão à boca porque aquela vernaculidade tinha-lhe saído tão impulsiva como um tornado. Eu peço imensa desculpa Odete. Que falta de educação. É que esta situação toda está a pôr-me doido, tanto trabalho, tantos projectos, tantos sonhos e agora isto.

Tivesse ele dito que os olhos dela eram como um oceano no qual ele se queria afundar ou outra barbaridade romântica do género não tinha Odete ficado tão embevecida.

Ela estava capaz de pular de felicidade com aquele praguejo que lhe tinha saído abrupto. O homem era capaz de dizer palavrões, benza-o Deus! E de se irritar! E de vociferar! Afinal ele era maculado como ela! Que alívio, pensou Odete, e que vontade de se lhe atirar sem dó nem piedade... Odete juntou o pensamento ao acto, agarrou Rodolfo qual toureiro em plena pega, ele voou literalmente contra a parede onde estavam pendurados os pseudo diplomas do curso de economia e do doutoramento de Odete e entre beijos sôfregos e amassos desvairados, aqueles dois fizeram uma simbiose perfeita.

****

Rodolfo entrou em casa a cambalear e a queixar-se com dores. O exame preliminar que Aurélio - que na juventude tinha sido paramédico - lhe fez, revelou uma entorse do ombro esquerdo e um dedo do pé partido.

Que diabo é que te aconteceu?, perguntou Aurélio ao sobrinho. Foste atropelado?

É como se tivesse sido. Parece que embati num camião TIR. Ela deu cabo de mim...

Ela?

A Odete.

A Presidente da Câmara? Bateu-te?

Não, quer dizer, também. Acho eu. Aconteceu tudo muito rápido.

Não estou a perceber nada desta conversa. Foi a Odete Silva que te pôs neste estado?

Foi, foi ela. Que mulher, exclamou Rodolfo enquanto se recuperava com uma bebida energética que o tio lhe tinha dado para restabeler forças. Aquilo é um portento da Natureza.

Tu dormiste com ela?

Não, na verdadeira acepção da palavra. (Era incrível como Rodolfo era rigoroso com a linguagem mesmo numa situação daquelas). Mas sim, fizémos sexo.

Mas que bom Rodolfo, isso são óptimas notícias. Era mesmo disto que tu estavas a precisar para desanuviar dos problemas que tens tido.

Eu não sei se fomos bons. Mas eu gostei. Parece-me que temos potencial.

Há muito tempo que tu estás a precisar disto.

Mas isto vai dar para o torto, eu nunca tive sorte com as mulheres...

Qual quê? Lá porque a tua ex-mulher fugiu com o homem do talho não quer dizer que tu tenhas pouca sorte com todas as mulheres.

Com todas as que me apareceram no caminho até agora...Sabe bem que é verdade, tio.

É uma questão de tendência. Uns tendem para mulheres loiras, outros para morenas e por aí fora. Tu normalmente tendes para mulheres que acabam por fugir com outros gajos.

Pois é, é isso mesmo. Nunca pensei que a minha vida chegasse a isto, tio.

Mas e qual é o problema?

Francamente não sei. Mas eu sinto-me estranho. Está tudo fora de controle.

Isso pode ser uma coisa boa.

Será?

Concerteza que sim. Um dia de cada vez.

Nesse preciso momento ouviu-se a campainha tocar. Era a polícia. Foi nessa altura que o Eng. Rodolfo constatou que nunca devemos concluir que batemos no fundo pois existe sempre a possibilidade de nos entrar a polícia pela porta dentro e nos levar para uma cela por tempo indeterminado por termos cometido um crime de lesa-pátria.

****

Foi Lobo Correia quem divulgou em primeira mão a notícia sobre a detenção do Eng. Rodolfo. Explicava-se, através do uso de termos jurídicos mais ou menos perceptíveis ao cidadão comum, que as acções do Eng. tinham sido de tal modo gravosas que tinham provocado uma hecatombe nunca antes vista a nível mundial. Tinha sido possível estabelecer uma relação entre a seiva, o efeito diarreico e o Tsunami de Bestas a que o país vinha assistindo ao longo das últimas semanas. O Eng. era descrito pelos diversos comentadores que foram convocados a versar sobre o tema como um terrorista ao nível do Binóladen, um antipatriota que tinha posto o país inteiro de calcinhas na mão. Aquele efeito diarreico terrível tinha levado a maior parte dos consumidores a uma espécie e experiência de quase-morte e era essa situação que tinha, em última instância, desencadeado aquele tsunami descontrolado de bestas que fazia mais vítimas a cada dia que passava. Os comentadores mostravam gráficos que explicavam as conseguências daquela calamidade, viam-se linhas que explodiam em flecha para cima ou para baixo, consoante se tratava de uma grandeza de natureza negativa ou positiva. O PIB, esse ia a pique de tal maneira, que já quase não havia gráfico que chegasse para demonstrar aquele efeito trágico. O número de baixas-médicas tinha explodido no espaço de poucas semanas e o país estava reduzido a três grandes grupos: os desempregados, os que estavam de baixa à conta da diarreia e as bestas. Era um país parado, sem que se vislumbrasse algo de positivo no horizonte.

CAPÍTULO XVII - Besta presidencial

A primeira dama do Purgalto acordou do estado de choque precisamente às duas horas da madrugada que se seguiu ao primeiro episódio tsunâmico de bestas. O marido dormitava numa cadeira ao lado mas mal a pressentiu mexer-se, levantou-se imediatamente.

Marieta, estás bem?

Ela estava visivelmente debilitada, pelo que precisou de algum tempo para se recuperar devidamente.

Quando te caiu aquele anjo de cera na cabeça e te vi sem reacção assustei-me muito, disse-lhe ele visivelmente emocionado.

Eu sei, murmurou ela também de olhos rasos.

Não te preocupes, o pior já passou. O importante é que tu estás bem. Os médicos disseram que foi só um choque na sequência daquela palhaçada toda lá na Assembleia da Nação.

Oh....

O que foi? Porque é que estás a chorar?

Porque...porque...e engasgava-se por estar demasiado perturbada com o que tinha para contar ao marido.

O que se passa?

Ela controlou-se a muito custo e acabou por conseguir revelar o que pretendia.

A N. Sra. do Purgalto visitou-me em sonho e contou-me três segredos sobre o nosso país.

O Presidente, que até aí pensava ter vivido nos últimos momentos as horas mais negras da sua vida, temeu o pior.

Tu não estarás a delirar? Eu acho que estás com um pouco de febre. Bebe mais um pouco de água.

Ela obedeceu mas replicou que não estava com febre e o termómetro também apontava nesse sentido.

Eu preciso de te contar isto e tu tens de acreditar em mim porque é a verdade.

Eu acredito em ti. O que é que a N. Sra. do Purgalto te disse?

Ela revelou-me três segredos. O primeiro é que o Berto Gonçalves é um extraterrestre.

Bem, todos nós sabemos que ele é...enfim, especial. Mas...

Não, não, não estás a perceber. Nós todos sabíamos que ele é louco e parece uma figura de ficção mas o que ela me disse não foi em sentido figurado. Foi literal. O verdadeiro Berto Gonçalves foi possuído por um extraterrestre há muitos anos e é esse extraterrestre que tem governado o Funcho.

O Presidente bebeu de um trago a água que ainda estava no copo que tinha dado anteriormente à mulher.

Isso poderia explicar muita coisa...

Tu não acreditas, pois não?

Não se trata de não acreditar em ti. Mas a situação parece surreal.

Mas ele não é o único.

O quê, há mais?

Há mais um.

E quem é?

Isso não sei. Com tanta gente especial que anda para aí na política é mesmo difícil adivinhar quem possa ser.

O Presidente pensou que a mulher estava definitivamente afectada psicologicamente depois daquela tragédia que tinha ocorrido na Assembleia da Nação mas pensou que o melhor era continuar a falar com ela como se aquilo fosse uma conversa absolutamente lógica.

Qual é o segundo segredo?

O impulso para a viragem económica do Purgalto vai começar em Fijecas de Baixo.

Onde?

Fijecas de Baixo.

Em Fijecas de Baixo?

Sim.

Isso é muito estranho....tens a certeza? Isso é a terra daquele tarado lá da seiva. Mas como?

Não sei, isso a N. Sra. não disse.

E o terceiro segredo qual é?

A mulher hesitou.

Eu devo ter percebido mal.

Percebeste mal? Porquê é que deves ter percebido mal?

Porque...porque...é algo que te diz respeito.

A mim? A N. Sra. do Purgalto disse-te alguma coisa sobre mim?

Sim, disse.

O terceiro segredo do Purgalto tem a ver comigo?

Tem sim. E a N. Sra. obrigou-me a prometer-Lhe que eu to contava. Senão, eu nunca o teria feito.

Não o terias feito porquê? Afinal qual é o segredo?

Ó homem, por favor não te zangues.

Diz-me de uma vez por todas afinal qual é o terceiro segredo do Purgalto!, disse o Presidente já um tanto ao quanto aborrecido com aquele protelar por parte da mulher.

A boca abriu-se trémula, como quem está a ponto de proferir um pecado mortal.

O terceiro segredo é que tu és e sempre foste uma besta.

CAPÍTULO XVIII - Euronuts

O Purgalto fazia parte de um grupo de países que se tinham juntado com o intuito de engrandecer económica e politicamente a região geográfica à qual todos pertenciam, a Euroconha.

Lá no meio havia um presidente mas toda a gente sabia que o verdadeiro durão do grupo era o Xóbel. Este último tinha acabado de entrar de rompante por ali dentro a praguejar vernaculidades e com uma irritação evidente.

A minha patroa diz que a nossa paciência se está a esgotar, disse ele num tom furibundo. Que os purgaltenses e o resto dessa cambada desgovernada são umas bestas já todos sabíamos, mas é preciso virem dizê-lo alto e bom som na comunicação social? Que disparate é este agora?

O pseudo presidente achou por bem intervir e dizer qualquer coisa que parecesse mais ou menos inteligente. Realmente não sabemos o que aconteceu, foi o que acabou por proferir.

Não sabe? Mas devia saber. Senão, rua com esta cambada.

Vamos ter um pouco de calma, respondeu a representante purgaltense, eu sempre ouvi dizer ao meu antecessor Melchior Baltazar que o senhor era um homem ponderado.

O Xóbel largou a salsichonga que tinha tirado da merendeira e que estava borratada de mostarda por todo lado para replicar "Ai você é que é a Miss Trocadero? Então talvez possa explicar aqui ao grupo porque é que o seu país, para além de ter uma crise de dívidas, agora também decidiu entrar numa crise de loucura?"

Não tenho os elementos necessários para o fazer. Não estive presente no plenário no dia em questão e os E-Mails que recebi sobre o tema são insuficientes para que possa formular um juízo de valor.

Não sei, não vi, não percebi, desculpas, desculpas e mais desculpas, disse o Xóbel enquanto dava mais uma mordidela naquela iguaria gastronómica que tinha trazido consigo. Será talvez o sol lá da vossa terra que vos torra os miolos.

Vamos a ter calma amigo Xóbel, disse um outro elemento do grupo, não vale a pena cairmos em *clichés* desnecessários e que não nos levam a lado nenhum. Não quererá talvez comer antes um Grissini, essa coisa que o amigo está para aí a digerir tem ar de lhe poder pôr a aorta em mau estado.

Não diga disparates, você pertence ao grupo dos maus alunos que invejam o sucesso dos outros. Vem agora dar-me lições sobre gastronomia, não?

O pseudo presidente tinha um medo que se pelava do Xóbel e um ainda maior da patroa dele por isso arriscou o comentário conciliador "todos estamos cientes que a economia do seu país é a mais importante deste grupo".

Se não tem nada de novo a acrescentar à discussão talvez pudesse fazer-nos a todos o favor de se calar, retorquiu o Xóbel.

O pseudo presidente, que noutros tempos já tinha sido comparado a um peixe graúdo, sentiu-se naquele momento mais pequeno do que uma petinga.

Talvez se tenha tratado de um ataque biológico qualquer, disse um outro elemento do grupo.

Se você deixasse de ver tantos filmes talvez começasse a ter ideias próprias de um ser humano, disse o Xóbel com um ar de asco indisfarçável.

Neste ponto, o representante do país mais endividado do grupo deu um valente murro na mesa, o que até fez o pseudo presidente saltar na cadeira.

Sabe que mais? Eu já estou farto de o ouvir a si, à sua patroa e à senhora Lagarto e seus *muchachos* da organização do Saco da Massa! Estou farto dos seus insultos. Basta. Exijo que pare de nos chamar burros, desgovernados e outros equivalentes. Já reparou que nós também somos gente?

O pseudo presidente quase que morria de vergonha com semelhante ataque de nervos por parte daquele representante enrascado. Mas, por outro lado, admirou-lhe a coragem. Se ele algum dia era capaz de falar assim com o Xóbel...Só de pensar nisso, até corou.

Xóbel reagiu muito calmamente àquilo que apelidou imediatamente de perfeito disparate. O país que representava tinha o mais profundo respeito pelos restantes países do grupo e tinha demonstrado a maior solidariedade com todos.

Solidariedade? As taxas de juro dos nossos empréstimos não me parecem muito solidárias.

O risco dos investidores tem de ser pago. Isso nada tem que ver com o meu país.

Num grupo verdadeiramente solidário, o risco dos investidores deveria ser igual, independentemente da nação de que estamos a falar. Ser um grupo deveria aplicar-se em todas as situações e não só naquelas que são convenientes para o seu país.

O vosso país já está a beneficiar de taxas mais baixas do que aquelas que teria, caso não fizesse parte do Euronuts.

O mesmo se poderá dizer do seu país. Se vocês não fizessem parte da moeda única juntamente com países com economias mais débeis, não tinham tanta vantagem relativa como a que têm hoje.

Não confunda mérito com aproveitamento da crise.

Definitivamente eu não confundo as duas coisas e sei que a vossa vantagem actual não decorre apenas de mérito.

A discussão estava acesa e o pseudo presidente absolutamente confundido com aquela conversa toda. Se ele ao menos percebesse o que estava para ali a ser discutido ainda podia ter a pretensão de dizer alguma coisa minimamemte inteligente. Se ao menos...

Se é assim tão desvantajoso para o seu país estar neste acordo, pode sempre decidir sair.

O senhor sabe muito bem que se o meu e outros países saíssem, não seriam os únicos a perder com isso. Ao seu país essa saída iria custar uma pipa de massa. Já para não falar no caos financeiro que adviria com a falência em efeito dominó da banca da nossa região inteira.

A conversa estava definitivamente a azedar e a enveredar por caminhos indesejáveis. A bem do Xóbel, que realmente não sabia muito bem como responder ao último argumento do colega enrascado, a atenção de todos voltou-se para o *tablet* de um dos outros participantes que mostrava uma notícia de última hora onde se podia ver a senhora Lagarto, acompanhada de mais alguns elementos da equipa R.A.S.C.A.

O tema parecia sério, era uma conferência de imprensa convocada à última hora pelos representantes da organização Saco da Massa com a pretensão de fazerem um comunicado de extrema importância relativamente aos programas de ajuda aos enrascados.

A senhora Lagarto foi quem tomou a palavra e, após um dicurso introdutório, informou a comunicação social que tinham sido cometidos erros grosseiros nas estimativas dos programas de ajuda aos países enrascados. Continuou, dizendo que estava convencida que o tipo de estratégia adoptado nunca poderia resultar em crescimento económico a médio-prazo e sem isso seria impossível que essas economias algum dia saldassem efectivamente as suas dívidas. O desembocar das medidas em curso só poderia ser o empobrecimento progressivo desses países e uma morte lenta até à bancarrota.

Finalmente concluiu com *fair play*, considerando-se a única responsável pelas decisões tomadas em nome da organização do Saco da Massa e ilibando a sua equipa de trabalho de qualquer tipo de responsabilidade naquela matéria.

Aquela notícia caiu como um balde de água fria naquela reunião, já de si hipotérmica.

O pseudo presidente pensou que lhe cabia, perante aquilo tudo, proferir alguma coisa que pudesse soar concordante aos ouvidos de Xóbel. Mas após grande esforço concluiu que o melhor que tinha a fazer era ficar calado e esperar que alguém se pronunciasse primeiro para lhe dar ideias sobre que opinião ter sobre a situação.

Quem acabou por falar foi o representante da república mais enrascada de todas, que ainda se sentia galvanizado com a discussão inflamada que tinha tido antes.

Aposto que desta é que o senhor não estava à espera.

Xóbel limpou a boca lambuzada de mostarda e pensou que agora é que estava tudo perdido.

CAPÍTULO XIX - Bestialitis Agudis

Os hospitais do Purgalto estavam a ter imensa dificuldade em conseguir reagir ao Tsunami de Bestas que estava a invadir o país desde há alguns dias. Às instituições acorriam diariamente dezenas de pessoas para as quais não existia a possibilidade de internamento por falta de condições básicas, como por exemplo camas hospitalares.

Perante tal calamidade, o governo tinha instituído uma comissão de inquérito com o fim de analisar a situação e propôr medidas para solucionar os problemas. Depois de horas de reunião e intensas pesquisas junto dos pacientes, a comissão entregou um relatório composto por cerca de duzentas páginas de interessantíssimo conteúdo.

A análise feita aos pacientes tinha revelado que a epidemia não era uma doença exclusiva de políticos, como se tinha suposto a princípio. Era certo que a grande percentagem de pacientes provinha efectivamente daquilo a que vulgarmente se designava por classe política mas havia também uma representatividade significativa de indivíduos que não estavam relacionados com tal actividade. Aliás, o relatório era claro ao designar a doença como uma ocorrência que não tinha uma incidência específica em termos de classe etária, género, hábitos de consumo ou origem profissional, sendo apenas certo, até ao momento, que a mesma se confinava às fronteiras geográficas do Purgalto.

Os especialistas concluíam que estávamos perante uma doença inédita do foro psicológico, com alguns sintomas físicos, como por exemplo tiques de expressão e diarreias violentíssimas. Os efeitos da doença consistiam, numa primeira fase, num sentimento de frustação sem razão aparente seguido de uma diminuição drástica da auto-estima. Numa segunda fase assistia-se a uma exacerbação da autocrítica que na maioria dos casos se demonstrava através do acto de auto-insulto. *Besta* e algumas variações daquela palavra tinham-se mostrado frequentes na escolha de vocabulário dos pacientes. Havia ainda uma terceira fase, mais rara, tanto quanto era possível constatar até ao momento, que se manifestava em actos de autopunição, como tinha sido o caso do Dr. Bobeira dos Santos que se tinha autoflagelado violentamente com cinco livros de macroeconomia. Os psicólogos que estavam há dias a estudar a epidemia admitiam ainda a possibilidade desta fase evoluir, em casos mais drásticos, para alucinações e até mesmo casos de suicídio.

Na sequência desta epidemia, ainda tão desconhecida, era natural que os familiares dos pacientes os levassem para o hospital e esperassem que o mesmo os pudesse curar. Ora este fenómeno estava a conduzir a um caos social nas urgências dos hospitais. Em primeiro lugar, porque os pacientes, com os seus berros e auto-insultos, perturbavam os outros doentes que esperavam atendimento. Era impossível fazê-los cumprir regras de civismo e nem a presença das autoridades de vigilância dos hospitais os acalmava. Em segundo lugar, porque o tempo médio de espera tinha subido drasticamente, o que tornava a gestão dos processos hospitalares muito mais complicada. Mais queixas, mais confusão, menos civismo. Finalmente, havia ainda o fenómeno *celebridade*. Como muitos dos pacientes eram conhecidos da praça pública acabavam por ter prioridade no atendimento (sim, o Purgalto era um país muito especial no que tocava a saber lidar com *gente conhecida*, mesmo que esses famosos fossem perfeitos idiotas que se tinham tornado célebres, não por terem alcançado algo de meritoso, mas pelo simples facto de aparecerem na televisão. Mas não importava, o fenómeno *"olhe quem ele é?"* tinha um grande peso no tacanho Purgalto), o que conduzia à revolta e a queixas adicionais por parte dos outros utentes.

A situação era por isso caótica e era preciso arranjar soluções. A comissão de inquérito tinha decidido convocar as direcções dos hospitais principais do país para em conjunto definirem medidas que pudessem resolver estes problemas.

O responsável máximo da comissão tinha como prioridade dar um atendimento digno a estes novos pacientes que sofriam de *Bestialitis Agudis* (esta era a designação oficial da doença) e fez um longo discurso introdutório ao tema que se podia resumir numa frase: era preciso definir um novo critério para o rastreio das urgências que prioritizasse estes doentes em detrimento dos restantes e que lhes garantisse um internamento em condições dignas.

O internamento de qualquer paciente tem de ser digno, Sr. Dr., disse um dos médicos que exercia funções de direcção num dos hospitais convocados.

Na generalidade dos casos, os directores hospitalares concordavam que os doentes de *Bestialitis Agudis* tinham efectivamente que ser tratados separadamente mas não estavam na disposição de preterir os outros doentes em favor daqueles. Era uma questão de código deontológico.

Não se trata de pôr em causa o código deontológico mas sim de saber tomar medidas numa situação que é de urgência nacional. Muitos membros do governo e das bancadas parlamentares padecem da doença e não podem ser confrontados com esta realidade de espera nas urgências e internamentos a toque de caixa, expondo-se a situações humilhantes, disse o responsável máximo pela comissão.

Mas é a realidade que vivemos, Sr. Dr. Não queremos discriminar negativamente estes doentes mas também não os podemos discriminar positivamente.

Mas é a bem do país. O que vão dizer os nossos parceiros da região quando isto tudo vier a lume?

Vão dizer aquilo que já sabem, que somos um país enrascado, que temos dívidas, que estamos em contenção e por isso infelizmente não podemos prestar o melhor serviço a toda a gente.

Um outro director hospitalar, um pouco mais polido no que tocava a falar com gente politiqueira, disse que lhe parecia que o Sr. Dr. responsável pela Comissão de Inquérito tinha toda a razão. Efectivamente, tínhamos que ter cuidado ao tratar destas questões porque era a imagem do Purgalto que estava em questão e terminava interpelando o responsável pela comissão sobre se ele já tinha pensado em alguma solução para o problema.

O outro replicou que tinha realmente pensado no assunto e que achava que o melhor era acabar com algumas urgências mais supérfluas e realocar esses recursos para o tratamento dos pacientes de *Bestialitis Agudis*.

À questão sobre que urgências é que a seu ver eram supérfluas, respondeu o director da Comissão de Inquérito prontamente.

Ortopedia, por exemplo. Veja bem, toda a gente sabe que isto dos ossos acaba por se curar, é ou não é? Já diz o povo que dos ossos não se morre.

O director do hospital que o interpelava, por acaso ortopedista, estava a achar um piadão àquilo.

Ó Sr. Dr., disse ele, mas então o que havemos de fazer às pessoas que nos apareçam aqui nas urgências?

É dar-lhes um *kit* para levarem para casa, está a ver? Punha-se ali uma funcionária à entrada das urgências que dava um *kit* consoante a gravidade da situação. Por exemplo, uma perna partida leva um *kit* básico, com um bocado de pomada para tratar do inchaço, uma gaze daquelas fininhas que para estes casos básicos é quanto basta e um ou dois comprimidos para as dores. Até pode ser até 5 comprimidos, não vá a perna dar dores por mais dias. Já um caso mais grave, por exemplo uma coluna partida ou assim, aí nesse caso já levava um *kit* médio que, para além dos elementos acima descritos, ainda conta com um saco de gelo, um reforço nos comprimidos para as dores e um esticador de coluna descartável que eu vi que se vende na *Net,* que acho que deve dar muito jeito quando se parte a coluna para voltar tudo ao normal.

Isso é capaz de não funcionar muito bem, Sr. Dr. Isto é capaz de vir a dar motins à porta dos hospitais porque o povo não está habituado a ser auto-suficiente, disse o director hospitalar com uma cara muito séria, embora tivesse já pensado que aquele estava no Top 5 dos momentos mais hilariantes da sua vida. Nesse aspecto, somos realmente ainda muito provinciano, as pessoas aqui caem de uma escada, partem uma perna ou o pescoço e lá estão elas a vir logo para o hospital. Em vez de pensarem que há casos piores do que o deles e ficarem em casa, amarrarem um pano ao pescoço e esperarem que a dor passe, não, põem-se logo a caminho e pronto, entopem as urgências de uma forma desnecessária. Por isso, Sr. Dr. eu penso que a sua ideia, embora extremamente revolucionária e muito interessante, especialmente da perspectiva social, não é exequível.

Um outro director, que também já tinha concluído que aquela reunião era do mais surreal e divertido que já tinha visto, resolveu meter a colherada.

Eu concordo aqui com o colega, Sr. Dr. Eu penso que o nosso país não está ainda preparado para uma revolução de mentalidades como aquela que o Sr. Dr. está a propôr. É pena porque é realmente um travão ao progresso mas é, infelizmente, a realidade. Mas eu era capaz de arriscar uma outra ideia que penso que era mais dignificante para os doentes de *Bestialitis Agudis*. Eu penso que o nosso país têm uma série de infra-estruturas desaproveitadas que seriam o ideal para estes casos.

O director da Comissão de Inquérito mostrou-se curioso sobre a ideia do médico.

Veja bem, é indiscutível que estes doentes necessitam de ser separados dos demais. Em primeiro lugar porque ainda se desconhece muito sobre esta doença e portanto nós nem sequer sabemos até que ponto é que pode haver risco de contágio. Em segundo lugar, porque efectivamente estamos a falar de pessoas especiais, não é verdade? Pessoas a quem devemos muito, políticos do mais alto gabarito e outras figuras, que não sendo políticos, são o *creme de la creme* purgaltense e merecem que lhes retribuamos o imenso contributo que têm dado ao país nos últimos anos.

E então qual era a sua ideia, perguntou o director da Comissão de Inquérito, cada vez mais intrigado.

A meu ver, o ideal era usar dois ou três estádios de futebol que estão desaproveitados.

O director da comissão de inquérito fez uma cara feiosa mas imediatamente um outro director hospitalar veio em apoio do colega.

Isso é uma ideia excelente. Apropria-se completamente ao tipo de doença que temos em mãos. Teríamos imenso espaço quer para o internamento, quer para montar consultórios de apoio...

Já para não falar dos espaços necessários para o *corridus estupidificus*, disse um outro.

O que é isso?, perguntou o director da comissão de inquérito.

Tem-se constatado que alguns doentes, em especial os que padecem da doença há mais tempo, sentem uma necessidade extrema de correrem desenfreadamente enquanto gritam coisas que na maioria das vezes são imperceptíveis. Ora o que tem acontecido muitas vezes é que essas corridas desenfreadas conduzem a ferimentos graves. É que eles correm a velocidades loucas, ninguém os consegue parar.

E o pior de tudo é que eles correm como se não houvesse obstáculos, acrescentou um outro médico que estava presente. Veja por exemplo o caso do Dr. Mando dos Porcos, já reparou como ele está cheio de hematomas? Esse tem dado cabeçadas contras as paredes do nosso hospital que é uma coisa absolutamente louca.

Ora precisamente por isso é que era melhor usar os estádios. Até mesmo no que respeita à comunicação social, é muito mais fácil para controlar fugas de informação etc.

Penso que são capazes de ter razão, disse o director da comissão de inquérito que se ia convencendo aos poucos que aquela ideia afinal não era assim tão má.

Sendo assim, está assente, disse o director hospitalar.

CAPÍTULO XX - O regresso do Costa

Zé Lobo Correia mal podia acreditar que se ia encontrar outra vez com o Costa. Aquela carta que tinha recebido do amigo tinha-lhe trazido finalmente alento, depois de todos aqueles meses angustiantes sem ter qualquer notícia sobre o seu paradeiro.

Zé,

pensei muito em como havia de começar esta mensagem mas tendo em consideração os últimos acontecimentos a nível nacional parece-me que a única forma lógica de o fazer é dizendo:

EU SOU UMA BESTA!

Finalmente há alguma coisa que nos une, a mim e à corja de políticos que emana por este país: somos umas bestas.

Desculpa-me o episódio lamentável com o teu pai. Não tinha o direito de o insultar e, acima de tudo, tinha o dever de te respeitar a ti.

Esta cena do país estar de caganeira e pejado de bestas fez-me pensar muito em tudo e acho que ser emigrante não é a solução. Quero voltar para o Purgalto. Achas que isto prova que ainda consigo ser uma besta de maior calibre do que as que nos (des)governam?

Alegrar-me-ia muito se perdoasses aqui ao teu velho amigo e me respondesses de volta.

Teu companheiro da Tasca da Feijoca,

Costa

O Zé não tinha tardado em dar uma resposta para a morada indicada na carta.

Costa,

não podes imaginar como fiquei contente por finalmente saber de ti. Como é que pudeste desaparecer assim sem me dizeres nada, meu velho? És mesmo uma besta, sou obrigado a concordar!

VOLTA, POR FAVOR!

Falando muito a sério, seria mesmo bom que voltasses depressa. Não só tenho grandes novidades para te contar, como preciso urgentemente da tua ajuda profissional. Meti-me/nos aqui numas certas aventuras agrícolas que estão bem fora da minha liga, mas certamente não da tua.

Teu companheiro de sempre,

Zé

PS: Compreendes que vivemos no séc. XXI e as pessoas já deixaram de comunicar por carta para aí há uns 25 anos?

Ainda bem que o Costa ia voltar. Zé Correia precisava definitivamente de orientação depois de ter começado aquele negócio das abóboras. Aquilo andava a tirar-lhe o sono há uma data de meses. Lobo Correia tinha seguido à risca o que o Mário Silva lhe tinha dito mas sentia que aquilo estava tudo errado.

Começava logo porque tinha sido extremamente difícil montar as estruturas para a plantação. O Zé tinha falado com uma data de engenheiros especialistas em aeroponia que se recusavam terminantemente a participar num projecto megalómano daqueles, sempre sob o mesmo pretexto, o de que era impossível plantar abóboras no ar.

Depois de muita procura, lá lhe apareceu uma equipa que aceitou o desafio e pôs mãos à obra. Foram semanas de trabalho árduo, com muitos cálculos, folhas rabiscadas e protótipos feitos em computador que impressionavam qualquer um.

Ao fim de alguns meses, as estruturas estavam finalmente montadas e, umas semanas depois, prontas para que se pudesse proceder à primeira colheita.

Uma desilusão.

As abóboras eram pouco maiores do que maçãs e depois de descascadas quase não sobrava nada para ser usado para consumo.

Mário Silva desvalorizou completamente a situação quando Zé Correia lhe ligou praticamente à beira de um ataque de nervos.

Pormenores, o que é que interessa o tamanho das abóboras? O que importa é que o *IPO* da empresa foi um sucesso estrondoso e as acções estão a subir.

Mas isto é tudo uma falácia...

Nada disso, isto é o mercado a responder aos estímulos certos. Nada mais.

Mas quais estímulos? Você ouviu bem o que eu disse? As minhas abóboras são do tamanho de maçãs...

Irrelevante, caro Zé.

Mas como?

Ouça, como eu já lhe disse, você não percebe nada disto.

Onde é que eu vou arranjar clientes para me comprarem estas mini-abóboras?

As pessoas têm a mania de sobrevalorizar esse pequeno pormenor de *ter clientes* quando avaliam a notação de uma empresa. Um perfeito disparate.

Esta conversa tinha acontecido há uma semana.

Sem clientes, sem tamanho que se visse mas com um triplo A fabuloso, Zé Lobo Correia perguntava-se o que havia de fazer com a *Pumpkin'Air* sem a ajuda do Costa.

******

Costa tinha algum receio de viajar de avião. Não tinha medo, tinha respeito, como costumava dizer. Por isso não era de admirar que se tentasse ocupar com diversas actividades para se abstrair do facto de estar metido dentro de uma maquineta a deslocar-se a 800Km por hora, a mais de 30.000 pés de altitude. Uma dessas actividades era falar com o vizinho do lado.

Vai em negócios ao Purgalto?

De férias, respondeu o outro. E você?

Regresso a casa. Estive a trabalhar fora alguns meses.

E vai voltar? Porquê?

Não sei, sinto que é o que devo fazer.

O outro parecia de algum modo admirado com aquela resposta e o Costa pensou que aquele estrangeiro que estava sentado ao seu lado não era alheio à enrascada em que o Purgalto estava metido.

Resolveu perguntar aquilo que muitas vezes lhe assolava a mente, mesmo não sabendo que tipo de reacção é que podia esperar daquele homem sentado ao seu lado, do qual nada sabia.

Você acha que há países que estão condenados ao fracasso devido a uma espécie de incapacidade estrutural?

Incapacidade estrutural dos seus habitantes?

Sim.

Você considera que a melhor segmentação que podemos fazer das pessoas é a geográfica?

Eu acredito que, na origem, não. Mas a verdade é que o meio onde crescemos condiciona os nossos pensamentos, as nossas atitudes e, em última instância, os nossos sucessos e fracassos.

Há um poeta purgaltense, de quem gosto muito, que versou sobre esse tema.

É verdade. Talvez ele próprio seja o exemplo que permite responder de forma negativa à sua questão inicial.

Ou a excepção que confirma a regra.

Costa devolveu ao seu interlocutor um sorriso. O outro continuou.

Francamente não sei responder-lhe. Eu acho que o meio onde crescemos condiciona mas não modifica. Mas sim, penso que há padrões.

Padrões ou preconceitos?

Se calhar são só tendências, resultantes do meio onde estamos inseridos.

Será isso o que os sociólogos chamam de aculturação?

Muito provavelmente. Mas você esteve a viver no estrangeiro, você poderia falar por experiência própria sobre esse fenómeno.

Não, eu estive fora apenas quatro meses, não é o suficiente para ficar condicionado. E você, já passou por algo semelhante?

Pode dizer-se que sim. Os melhores momentos da minha vida passei-os no Purgalto, tenho lá grandes amigos e família também. A minha avó materna era purgaltense. Passei muitos Verões lá, tenho boas recordações.

Você é que está na melhor posição para poder avaliar a questão que nos tem ocupado.

Penso que sim. Sabe o que eu realmente acho? O Purgalto é um país fabuloso, os purgaltenses são pessoas bestiais, simpáticas, criativas, inteligentes. Mas parece que padecem de um qualquer sentimento de inferioridade que os faz, por um lado, valorizarem exacerbadamente tudo o que não é purgaltense e por outro, terem uma necessidade enorme de mostrar sucesso. Vocês preocupam-se mais em mostrar que têm sucesso do que em serem bem-sucedidos.

Acho que tem razão. Quando a minha empresa faliu, eu escondi o facto dos meus primos, por exemplo.

Aí está. E você nem me parece muito o tipo de pessoa que se importe com o que os seus primos pensem do assunto.

Não, se eu pensar bem sobre o caso, não realmente. No fundo há uma espécie de competição, pela negativa, entre os purgaltenses. Estar, e principalmente, mostrar que se está bem na vida é uma coisa muito importante no Purgalto.

O que, quanto a mim, conduz a um certo antipatriotismo.

Como assim? Não acompanho o seu raciocínio.

Porque você está muito mais centrado com o que se passa consigo acaba por perder a noção do seu papel na sociedade. Enquanto o problema não o afectar a si, você também não se vai preocupar, ou tomar medidas, para contrariar o que se passa à sua volta.

Nós somos um povo acomodado.

Sim enquanto povo, mas individualmente desenrascam-se bem. O que não parece fazer sentido. É por isso que eu usei o termo antipatriotismo, que provavelmente foi bastante exagerado.

Provavelmente, mas o que diz faz sentido.

O avião acabou por aterrar sem que o Costa tivesse dado conta desse facto, o que no caso dele, era realmente inédito.

Gostei de falar consigo, disse o Costa quando se despediu do seu vizinho do lado.

Eu também.

******

Abóboras?, perguntou o Costa atónito quando o Zé finalmente lhe contou toda a história da *Pumpkin'Air*.

Uma espécie de maçãs, é mais o que é. Maçãs de cor laranja.

Lá original, é!

Mas porque é que elas são tão pequenas?

Porque senão a força da gravidade fá-las-ia cair ao chão, Zé.

Parece evidente, não parece?

Isto é uma bolha, Zé. Esses gajos lá da S&P são uns cabrões.

Absolutamente. Será esta merda o que o pessoal anda para aí a chamar de bolha financeira, especulação desregrada e por aí fora?

Não tenhas dúvidas, eu não percebo nada disso mas qualquer pessoa de senso comum percebe que uma empresa que produz maçãs de cor laranja, apelidadas de abóboras, não pode ter um Triplo A.

Lembras-te quando tivémos aquela vaga de empresas ".*com*" no país que depois acabaram por se revelar também numa bolha gigantesca?

Se me lembro...

Quem nos mandou comprar acções dessas *"comes"* todas?

O erro foi nosso.

Pois foi. No fundo isto é tudo uma grande falácia. Repara o que se tem passado na Americonha, os gajos andam para ali com um rating supostamente bom mas no fundo, no fundo, estão mal.

Uma dívida que nunca mais acaba, um saldo comercial negativo...

Já para não falar de que estão absolutamente enchinocados...

Sim, quem lhes anda a comprar a dívida toda é a Chinoconha.

A sério, tudo isto me ultrapassa. Não percebo nada.

Eu acho que ninguém percebe nada. Ninguém sabe realmente onde é que vamos parar e por isso continua-se a empurrar a bolha para a frente, à espera de melhores dias.

E nós que havemos de fazer à nossa bolha?

Temos que nos *desembolhar*. Vamos alargar a produção a outras leguminosas e frutas que fazem sentido.

Tu acreditas que isto se pode compôr?

Sim, só depende de nós.

Não depende só de nós. A conjuntura...

Qual conjuntura? Francamente eu acho que estamos a viver uma fase da história em que a conjuntura passou a ser estrutural.

Hum?

Pois não sei, não me perguntes. Não faço a mais pálida ideia do que isto que acabei de te dizer possa querer significar.

Deve ser uma externalidade positiva inversamente correlacionada com o movimento neoliberal.

O que é isso?

Achas que eu sei? Era uma coisa que o Meireles andava para lá a dizer no outro dia...

O Meireles?

Outra bolha.

Achas que ele não sabe o que diz?

Não acho. Tenho a certeza. Voltando à tua conjuntura...

Sim, nós vamos resolver isto. E vamos ser bem-sucedidos.

CAPÍTULO XXI - Besta presidencial, uma segunda vez

O Presidente não conseguia pregar olho. Tinha tentado contar carneiros a saltar a cerca que, como era sabido, era um bom processo para ceder ao sono mas nada parecia resultar.

Aquela conversa que tinha tido com a mulher no hospital tinha-o deixado chocado. Era um ultraje que a sua companheira de vida tivesse dito uma coisa daquelas, mas acima de tudo era um insulto à instituição que representava. Perguntava-se se devia pedir à Procuradoria-Geral da República Purgaltense para analisar tais afirmações.

Talvez fosse melhor não, o ideal era que aquele caso infeliz não transpusesse o foro privado.

Era a segunda vez que era acusado de ser uma besta. A primeira tinha sido há muitos anos atrás quando ainda exercia o cargo de Ministro-Mor. *Anónimo do Olival* era o nome do homem que tinha tido tal atrevimento. Tinha-lhe enviado uma carta pessoal muito elucidativa sobre uns certos subsídios a um determinado olival que possuía. O presidente tinha ele próprio queimado a carta logo depois de a ter lido mas nunca mais conseguia esquecer a mensagem que a mesma transmitia.

Caro Ministro-Mor,

Até aqui eu andava desiludido comigo por não ser capaz de perceber a lógica dessa tal coisa que dá pelo nome de PAC, que ainda hoje acredito ser uma abreviatura para Política Agrícola Cadavérica, mas agora finalmente percebo que não se trata de uma limitação cerebral da minha parte, antes estamos perante uma congeminação de mentes tresloucadas, da qual o distingo a si como besta-mor.

Há cerca de um ano atrás foi-me concedido um subsídio para eliminar um certo olival que possuo, de extensão relativamente grande. Estava eu preparado para proceder ao abate das minhas oliveiras quando a minha neta de cinco anos me fez uma pergunta relevante: mas se as árvores são boas porque é que vais matá-las?

Como todos sabemos, as crianças têm uma capacidade extraordinária para ver de uma forma clara coisas que nós tendemos a complicar.

A minha neta tinha razão.

Não fazia sentido absolutamente nenhum proceder ao abate.

Por isso não o fiz.

Fui agora ao correio e acabo de receber uma comunicação do seu governo com um incentivo financeiro para plantar oliveiras no meu terreno.

COMO????? QUE GRANDE PALHAÇADA É ESTA QUE ESTAMOS A VIVER NESTE PAÍS?????

Não consigo encontrar lógica para esta sequência de acontecimentos, para que, no espaço de apenas um ano, me incentivem primeiro a cortar oliveiras e depois a plantá-las, mas já não tenho a humildade de reconhecer que o problema pode estar em mim.

O problema está neste governo idiota e em si, sua besta!

Embora me preocupe o estado geral da Agricultura Purgaltense confesso que estou muito mais preocupado com a minha situação financeira individual. Por isso penso que irei responder afirmativamente ao pedido que o seu governo me faz e com isso encaixar, mais uma vez, uns desmerecidos dinheiros.

Venho por este meio agradecer-lhe o facto de ser uma consumada besta. Obrigado!

Anónimo do Olival

Aquele insulto era naturalmente injusto. Ele tinha-se limitado a fazer o que era esperado por parte de um país de pequena dimensão no meio de uma enorme região, como era a Euroconha. Era assim que se tinha feito sempre. Ir na onda, acreditar que os outros sabem melhor o que estão a fazer do que nós, darmo-nos por contentes por nos passarem uns cheques chorudos que dão para fazer muitas obras nacionais e até umas quantas de cariz particular. Um mundo perfeito.

Poder-se-ia ter feito outra coisa? Doutra maneira? Negociando de forma diferente? Sem deslumbramentos? Adviria daí um desfecho diferente daquele que estávamos a viver agora?

O Presidente voltou para a cama mas continuou sem conseguir dormir.

CAPÍTULO XXII - Noémia

Noémia dormiu 17 horas seguidas depois do ataque de nervos que tinha tido na repartição de finanças de Fljecas de Baixo, agravado pelo stress de ter ido parar à esquadra e ter ficado retida numa cela cheia de delinquentes durante quatro horas. O marido já estava a ficar preocupado e a ponderar voltar a chamar a médica de família quando ela, finalmente, acordou.

Como te sentes, rosquinha?

Mal, respondeu ela. Parece que me passou um camião por cima. Eu devo estar muito doente. Eu devo estar para morrer em breve, continuou ela e começou a choramingar.

Não digas disparates, baguetezinha. Tu estás lá para morrer, que estupidez, tu só tiveste um dia mau, foi só isso.

Um dia mau? Eu estava desvairada. Eu pus aquela repartição em rebuliço, bati numa série de gente e, se bem me recordo, até ferrei uma das empregadas...algo de muito mau está a passar-se comigo, acredita no que te digo, tu vais ficar viúvo e não há-de demorar muito.

Não digas disparates. Tu estás de perfeita saúde, tiveste um ataque de nervos, foi uma coisa pontual. A Dra. Margarida examinou-te e diz que está tudo bem contigo. Tens uma saúde de ferro.

Saúde de ferro? Então e estas diarreias diabólicas que eu tenho tido de há umas semanas para cá? E estes suores horríveis que me dão amiúde?

Isso deve ter sido daquela seiva toda que tu andaste para aí a tomar.

Eu só sei que não estou bem, Fernando.

Mas o que é que se passa?

Não consigo deixar de me sentir uma fraude. Eu sou uma farsa, Fernando.

Que estupidez, regueifinha. Tu és uma mulher de sucesso, toda a gente te inveja.

Toda a gente me odeia. As pessoas fingem respeitar-me mas, no fundo, eu sei que o que elas acham de mim é que eu sou uma cabra insensível e fria.

Rosquinha, que linguagem é essa?

É o que eu sou, Fernando.

Não és nada. Tu és divertida, determinada, preocupas-te com os outros.

Não é verdade, Fernando. Eu já fui divertida e já me preocupei com os outros. Determinada é certo que ainda sou mas é só para o que me convém, Fernando. Eu não tenho princípios. Eu já nem me lembro de distinguir o certo do errado.

Noémia, que exagero, tu és uma advogada, a tua profissão exige determinadas flexibilidades...

Eu não traço limites, só estipulo preços. Não há nada que eu recuse por uma questão de princípio. Absolutamente nada. O meu escritório é responsável por muitas das negociatas que levaram este país à ruína, defendemos todo o tipo de crápulas desta sociedade, corruptos, pedófilos, todo o tipo de vigaristas. O único critério é pagarem, pagarem a peso de ouro.

O teu escritório dá emprego a uma série de gente. Isso não é meritório?

Essa é a parte pior. O meu escritório criou e continua a criar um bando de escroques como eu. É a verdade, Fernando. Eles saem da faculdade cheios de peneiras, são os senhores doutores, os maiores do mundo. O nosso país é muito provinciano, Nando. Não é muito difícil deslumbrá-los, as pessoas são muito previsíveis e ficam confortáveis. À medida que o tempo passa, eles vão conhecendo cada vez mais a podridão da casa mas já não há retorno. Com mensalidades ao banco e colégios dos meninos para pagar ao fim do mês quem é que se vai preocupar em ter uma consciência limpa?

Foi por isso que te deu o ataque de nervos?

Penso que sim.

Mas porque é que tu foste à repartição das finanças?

De alguma forma eu pensei que se pudesse pelo menos repôr o que tenho andado a roubar ao Estado ao longo destes anos todos podia comprar um bocado de paz, sabes?

E compraste?

Não, de maneira nenhuma. Continuo a sentir-me a pior crápula do universo.

Rosquinha, só o facto de tu te sentires a pior crápula do universo é por si só a prova de que tu não o podes ser.

Ela não pôde deixar de sorrir um pouco com aquele argumento do marido.

Para além disso, à parte o que se passa no escritório, não é verdade que tu só sejas determinada com o que te convém. Tu és uma boa mãe e és uma boa filha. Teres trazido o teu pai cá para nossa casa quando a tua mãe morreu foi um acto de amor. Actos desses não são normais num qualquer vigarista, pois não?

Penso que tens razão. Mas o meu pai não me dá trabalho. Não sou eu quem toma conta dele, é a enfermeira que eu contratei. Vês, é sempre tudo uma questão de preço.

Ainda assim. Se tu fosses essa crápula que descreves não querias saber do velhote.

Isso é uma gota de água. Tenho recordado tantas vezes casos do passado...e não gosto do que vejo. Não gosto nada do que vejo. Nem um bocadinho.

Mas o que é que tu queres fazer?

Não sei, Fernando, não faço a mínima ideia.

Seja qual for a tua decisão, eu apoio-te, rosquinha.

Eu não sei o que quero fazer mas sei o que quero sentir. O mesmo frenesim dos primeiros tempos da minha carreira, quando ocasionalmente podia ter o orgulho de fazer algo realmente certo.

Naná Pintado ponderou alguns segundos. Depois replicou.

Eu acho que já sei exactamente como é tu vais conseguir isso.

Vamos, a sua advogada quer falar-lhe.

Advogada? Deve haver um engano, retorquiu Rodolfo, eu tenho um advogado.

Vamos, disse o guarda prisional sem mais explicações.

Quando Rodolfo entrou na sala à qual o guarda o tinha conduzido deparou-se com Noémia Pintado. Ele sabia quem ela era, uma cara bem conhecida da praça pública, mas não percebia porque é que ela ali estava. Ela antecipou-se, pois conseguia adivinhar o que lhe ia no pensamento.

Sr. Eng., o seu tio Aurélio entrou em contacto comigo. Eu estou a representá-lo a partir de agora.

O que se passou a seguir pareceu um pouco surreal aos olhos de Rodolfo. De alguma forma Noémia tinha conseguido que o Eng. ficasse em prisão domiciliária à espera de julgamento, agarrado a uma pulseira electrónica que limitava a área na qual ele se podia movimentar e que imediatamente lançaria um alerta para a judiciária caso ele ultrapassasse esse limite. Rodolfo estava bastante agradecido por poder voltar a casa mas a ideia de ficar agarrado a uma coisa daquelas durante sabe-se lá quanto tempo incomodava-o bem mais do que aquilo que ele queria demonstrar.

A bem da verdade há que dizer que foi uma espécie de transmissão de pensamentos, informou Aurélio. Eu entrei, de facto, em contacto com a Dra. Noémia mas ela já estava a pensar no mesmo.

Foi exactamente isso, confirmou Noémia. Eu queria ficar com o seu caso.

Mas porquê? Tanto quanto eu percebi você é uma das minhas vítimas.

É um facto, provavelmente ninguém melhor do que eu neste país sabe o que é uma diarreia causada pela sua seiva. No entanto, esta experiência, digamos que, mudou a minha perspectiva de ver as coisas e é por isso que eu pretendo defendê-lo.

Mudou-a?

Sim, fez-me pensar em muita coisa.

Rodolfo, interveio Aurélio, a Dra. Noémia tem uma teoria muito curiosa sobre o que aconteceu com ela e o que está a acontecer no país. Vamos conversar calmamente sobre isso na sala, continuou Aurélio, ajuda-me aqui a levar os cafés e uns biscoitos para nós.

O tio dizia que a Dra. Noémia tem uma teoria..., disse Rodolfo assim que os três se sentaram à volta da mesa de jantar.

Sim, desta vez foi Noémia quem respondeu. Eu tenho uma ideia sobre tudo isto que está a passar-se e que parece incompreensível aos olhos de todos. É um facto que a seiva provocou uma diarreia descomunal no povo purgaltense, disso não há dúvida. Nem pode ser contestado.

De modo algum, foi a FijeLab, ou melhor, eu próprio, quem alertou para esse facto e tomou medidas para recolher todas as unidades de produto que não estavam em condições, disse Rodolfo.

Claro que sim e isso vai ser um aspecto de extrema importância para o julgamento que nos espera. No entanto, eu estou convencida que esse efeito diarreico, essa experiência de quase-morte de que muitos falam, e eu própria testemunhei, foi a causa destes fenómenos estranhos de remissão que estão a acontecer no nosso país.

Não compreendo, a Dra. Noémia acha que esta loucura a que temos assistido, este Tsunami de Bestas ou lá o que lhe chamam, esta coisa inexplicável que tem afectado todas estas figuras proeminentes também é responsabilidade da seiva?

Eu tenho a certeza que sim.

O quê? Valha-me Deus...

Calma Rodolfo, o que a Dra. Noémia quer dizer é que, através do efeito da seiva o Purgalto ergueu-se ao nível do seu nome, purgou-se.

O purgo do Purgalto, conseguido à custa de uma seiva caridosa para acabar com a crise, continuou Noémia.

Neste momento, Rodolfo questionou-se se o tio e a advogada não teriam enlouquecido.

Desculpem, retorquiu Rodolfo, vocês querem realmente estabelecer um nexo de causalidade entre a minha seiva e este desvario que tem acontecido no nosso país? Isso não faz sentido nenhum. Concerteza que muita dessa gente que anda para aí armada em besta nem sequer tocou em ponta de seiva.

Isso é o que torna a coisa ainda mais interessante. O efeito que se propagou de forma...como direi?

...de forma viral!, completou Aurélio.

O purgo viral, reforçou Noémia.

Rodolfo levantou-se de um salto, dirigiu-se ao aparador da sala de jantar e, enquanto se servia de um cálice de vinho do Purgalto, disse lentamente.

Eu espero que a Dra. Noémia não esteja a pensar numa defesa baseada nessa coisa de purgo viral...

...heróico, finalizou Noémia.

Purgo viral heróico?

Sim, heróico. Eu estou convencida que esta hecatombe vai ser o início da nossa salvação.

Salvação?

Absolutamente.

Rodolfo voltou a repetir as palavras anteriormente ditas.

Eu espero que a Dra. Noémia não esteja a pensar numa defesa baseada neste tipo de coisa que tem estado a descrever e que eu dificilmente consigo perceber o que é.

De maneira nenhuma. Só se eu quisesse condená-lo.

Rodolfo suspirou fundo pois, por momentos, pensou que a solução de Noémia para o julgamento fosse fazer dele uma espécie de salvador da pátria ou coisa que o valesse.

Não te preocupes Rodolfo, a Dra. Noémia tem uma defesa imbatível para ti, disse Aurélio.

Rodolfo voltou o olhar inquisitivo para Noémia e precisou de mais alguns goles de vinho do Purgalto, assim que ela falou.

Demência.

CAPÍTULO XXIII - Tsunami além fronteiras

O telefone do Ministro-Mor tocou ainda não eram as seis da manhã. O chefe do governo não ficou particularmente contente com aquele sobressalto matinal.

Ó Silva, o que é que pode ser tão importante para você me acordar a esta hora?

Peço imensa desculpa, Sr. Ministro-Mor, mas o caso é que parece que o nosso compatriota lá do centro da Euroconha também foi atingido pela catástrofe.

Você está a falar do presidente da organização?

Sim, ele mesmo.

Então?

Parece que ontem à noite ele já não se estava a sentir muito bem. Disse à secretária-adjunta que ia sair e dar uma volta na praça porque precisava de pensar. A senhora ficou um pouco preocupada pois isso não é coisa que ele costume fazer.

Hum.

Passadas umas horas a secretária recebeu um telefonema da mulher do presidente a dizer que ele ainda não tinha aparecido em casa. Quando a senhora percebeu que o marido tinha saído há mais de duas horas para pensar, percebeu que algo estava muito errado e deu logo o alerta ao *staff* de segurança.

E depois?

E depois despediu imediatamente a secretária. Compreensivelmente. É inadmissível que uma secretária àquele nível possa ser tão negligente a ponto de deixar um homem daqueles sair assim para pensar.

Já não se pode confiar nas pessoas, é o que lhe digo Silva. Mas então onde é que ele estava?

Testemunhas oculares confirmaram mais tarde aos bombeiros e à polícia que o presidente andou primeiro a correr desvairadamente pela praça central da cidade. Parece que deu mais de cinquenta voltas a uma velocidade vertiginosa.

Cinquenta voltas? Isso é que foi uma maratona.

Se foi. As pessoas acharam aquilo estranho mas o pior foi depois.

Então?

Ele saíu da praça e foi direitinho àquela estátua muito conhecida, tirou a roupa toda e pôs-se a urinar para o chão.

Valha-nos a N. Sra. do Purgalto.

Mas isso ainda não é tudo.

Ainda piora?

Piora, sim senhor. É que, a acompanhar o *acto mictórico*, ele desatou a gritar alto e bom som "Foi isto que eu fiz ao meu país, aliás, é isto que eu ainda faço ao meu país!"

Raios o partam. E os seguranças não chegaram a tempo de o calar e o mandar dali para fora antes que ele causasse mais prejuízo?

Chegar, chegaram. Mas já lá tinha estado a imprensa a captar as imagens da vergonha e a fazer as necessárias traduções.

Ou seja, está o caldo entornado.

Muito provavelmente.

E agora, o que fazer?

Não há muito que possamos fazer. A bem da verdade, oficialmente, ele nada tem que ver connosco.

Isso é um facto. Lá porque o gajo nasceu no Purgalto isso não lhe dá o direito de nos vir desinquietar com estes devaneios fisiológicos em plena praça pública.

O pior é se aqueles gajos lá do meio juntam dois mais dois e percebem que os nossos compatriotas estão a padecer desta doença grave. Isso pode ser um grande bico de obra.

Mas a gente tem abafado o caso, não tem?

O mais que se pode, oficialmente só o primeiro incidente na Assembleia da Nação com o deputado Nuno Florinha é que foi noticiado internacionalmente. Tudo o que aconteceu depois foi-se conseguindo abafar. É preciso reconhecer que só se conseguiu isto com muita ajuda dos nossos amigos da comunicação social.

É um facto. Há gente com muito mérito nesse meio.

É sim senhor. O que é verdade tem de se dizer.

Que chatice, Silva. Parece que está tudo contra mim.

Não diga isso, Sr. Ministro-Mor. Os números mostram que a sua política está a ter frutos.

Os números são o meu único aliado, Silva. De resto, são só confusões destas para me tirar o descanso.

É verdade, Sr. Ministro-Mor. É verdade. O seu governo tem sido afectado por casos...bem, como direi...especiais.

Especiais? Você quer ser simpático, Silva. Uma cambada de mentecaptos é o que isto é.

O Silva não respondeu mas o seu silêncio parecia conciliante com o que tinha acabado de ser proferido.

Bom, Silva, uma coisa é certa, aconteça o que acontecer você já sabe que eu não me demito. Não me interessa se esse gajo anda a fazer das praças um mijarete. Eu é que não me demito.

CAPÍTULO XXIV - BMA's

Precisamente no mesmo momento em que o telemóvel do Ministro-Mor tinha tocado por efeito da chamada do Silva, um outro telefone, numa outra parte do país também tocava de forma insistente. Era uma mãe preocupada que tinha ligado a um dos seus filhos para a auxiliar num caso que parecia de natureza grave relacionado com o marido.

Eu soube logo que alguma coisa estava errada assim que bateu o quarto para as seis e o teu pai sem se levantar, disse a mãe, assim que o filho assomou à porta.

Compreensivelmente, acordar tão tarde nem parece coisa dele. Ele estava bem ontem à noite?

Estava, quer dizer, ficou um pouco perturbado com o documentário que passou na televisão sobre aquela gente abestalhada que anda para lá pelos estádios.

Eu não vi isso, como foi?

Muito mau, muito mau mesmo...Há para lá tanta gente que até custa a acreditar...

Anda cá Paulo, chamou uma voz vinda de dentro, de um dos quartos, que parecia saída do fundo de um poço.

O filho acorreu e deparou-se com o pai metido na cama, de botija de água quente na cabeça, com um ar de desalento nunca antes visto.

Ó pai, então que é isto? Toca a levantar, que se passa consigo?

Ai rapaz, tu sabes lá, eu tenho pensado que também abestalhei como essa gente doida que anda para aí com essa doença maluca.

Que disparate, um homem como o pai, simplesmente não abestalha.

Ai, não? Então como é que tu explicas aquele meu comentário ridículo sobre os salários dos purgaltenses?

Pois, isso foi infeliz, foi. Mas todos nós temos os nossos dias menos bons.

O pai ergueu-se ligeiramente, recostou-se na cama e ordenou ao filho que se aproximasse.

Tu percebes que nós podemos fazer muito mais por este país, não percebes?

Mas nós temos feito imenso pelo nosso país...não é em vão que o pai alcançou o que alcançou.

Ó rapaz, mas temos essencialmente agido na área dos serviços. Nós podemos fazer mais, rapaz. Tu podes fazer mais. Tu és um gestor brilhante. Eu vou retirar-me porque, mesmo que eu não tenha abestalhado, *enchinoquei* definitivamente.

Ó pai, não diga isso, o pai está com um bocado de febre, é só isso.

Febre, disse o pai com os olhos a quererem saltar-lhe fora, o bom disto é que de génio e louco todos temos um pouco. E a minha loucura também me tem dado para ter ideias.

Mas que ideias?

Bólides, Paulo. Bólides.

Mas desde quando é que o pai fala assim? Que é isso de bólides?

Carros, pronto, carros. Tu já pensaste no dinheiro que nós andamos a perder por não produzirmos carros?

Mas nós não temos *expertise* para produzir carros, pai.

Nós temos *expertise* para produzir tudo o que nos apetecer, desde que nos decidamos a tal.

Mas e mercado?

Mercado? Estás a brincar? Olha bem a frota que nós temos no grupo. Se a isso juntarmos o Estado, a banca e uma campanha publicitária dirigida ao consumidor particular sob o mote "Escolha o Purgalto" o país passa dos BMW's para os BMA's num instantinho.

BMA's?

Bólides Manufacturados Aqui!

Isso é capaz de não ser um ideia totalmente estúpida.

Pois claro que não é. E até me admira que tu não a tenhas tido antes. Tu, um gajo que era capaz de lançar uma OPA ao Estado Purgaltense.

O filho nem sequer ouviu este último comentário pois já estava embrenhado a pensar nos bólides.

Isto é uma coisa a médio-prazo, podemos importar *know-how*, formar recursos em Tecnologia de Ponta - porque não criar uma Universidade? - há concerteza uma série de sinergias entre a indústria automóvel e um vasto leque de outras áreas. Quem sabe se daqui a cinco anos nós não vamos conduzir carros purgaltenses, fazer chamadas com telemóveis purgaltenses, etc., etc., etc. *The sky is the limit.*

Nós temos obrigação de o fazer. Com uma grande fortuna vem uma grande responsabilidade. Ninguém melhor do que tu. Tu és determinado e ao mesmo tempo louco o suficiente para desenvolver um projecto destes. Já que estás de pé, faz-me um favor, muda-me aqui a água à botija que já está a ficar fria.

Mas o Paulo nem sequer o ouviu. Estava a pensar alto sem que nada à sua volta o pudesse interromper.

CAPÍTULO XXV - Solidão

O Presidente da Nação nunca se tinha visto numa solidão tão profunda como aquela que estava a viver no momento. Era um estado que o andava a consumir há várias semanas e não havia meio de melhorar.

Aquele isolamento da alma tinha muito que ver com a falta de respeito que a mulher tinha demonstrado ao revelar-lhe aquele sonho ridículo que tinha tido com a N. Sra. do Purgalto. Era óbvio que a N. Sra. não podia ter dito um disparate daqueles sobre um homem tão inteligente como ele era, um homem que tinha estudado numa universidade séria e não na rede de universidades *lusquinófias*, como era o caso da maior parte daqueles mentecaptos que proliferavam pela política nos dias que corriam.

Para além disso, a solidão do Presidente também advinha do facto de todos os seus amigos mais chegados estarem a padecer de *Bestialitis Agudis* e se encontrarem internados no *Estádio Béstiale*.

O Presidente tinha ficado chocado com a visita que tinha feito ao local. Tinha sido supostamente uma visita de carácter oficial para demonstrar solidariedade para com os doentes da *Bestialitis Agudis* mas, a bem da verdade, o que o Presidente queria era ver como estavam os seus camaradas de longa data e de grandes jogatinas.

Foi um horror.

O Estádio estava dividido em alas, de acordo com a fase da doença dos pacientes.

Numa primeira ala encontravam-se os pacientes que estavam na fase inicial da doença, a dos insultos. Era aqui que estavam figuras públicas como Le Zézinho Filósofo e o agora conhecido por Presidente Mijãozinho, que tinha sido recambiado lá do centro da Euroconha de volta a casa. Por ali também andava um antigo Ministro-Mor, conhecido por certas dificuldades com a aritmética, que chorava desalmadamente agarrado aos pilares do Estádio, enquanto gritava "o que é que fui fazer, a minha paixão não era o betão".

Dizia-se que ainda havia muitas outras figuras distintas que estavam afectadas por aquela fase inicial da doença mas cujos familiares tinham optado por não internar nos estádios a bem da sua boa reputação. Um desses casos era o Tio Dário, um homem que tinha tido um papel importante na história do Purgalto, em particular pela sua contribuição há várias décadas atrás para tornar o país num espaço democrático e de Estado de Direito. Claro que o tio Dário, tal como muitos outros heróis dessa época, tinha visto nessa associação à História Purgaltense uma óptima oportunidade de se tornar uma figura pública poderosa e assim servir-se abastadamente das vantagens que essa posição lhe proporcionava. Agora, o tio Dário, chegado que estava aos 103 anos de idade, tinha sido também ele apanhado pela *Bestilitis Agudis*. Apesar de se encontrar no conforto do domicílio e estar rodeado de familiares que evitavam a todo o custo a sua exposição, o tio Dário lá arranjava forma de vir para a praça pública fazer comentários infelizes que comprovavam a cada dia que passava que, ou estava absolutamente senil, ou também ele tinha abestalhado.

Esta primeira ala onde o Presidente se encontrava era perturbadora mas bem pior era a ala seguinte onde estavam os doentes que já tinham passado à fase da autoflagelação. Era nesta que se encontrava a grande maioria dos pacientes. O Presidente ficou chocado com a indumentária dos mesmos.

Mas porque é que eles estão assim vestidos?

É preciso andarem de capacete e de fatos acolchoados, doutra forma podem ferir-se gravemente. Esta fase da doença é extremamente perigosa. Os pacientes procuram autoflagelar-se com o que quer que seja. Por isso é que nesta ala temos as paredes forradas a esferovite e basicamente não temos mobiliário nem elementos decorativos de género algum.

Mas eles passam o dia a fazer o quê?

A pensar em formas de se ferirem. Apenas isso, tanto quanto nos é dado perceber. É muito desgastante para as enfermeiras que aqui estão. Temos tido casos muito difíceis. Ainda no outro dia o Dr. Mando dos Porcos fez um golpe profundo na nuca, tivemos que pedir ajuda à equipa de segurança para o controlar, foi até nessa altura que decidimos adquirir os capacetes de protecção e até já estamos a pensar comprar viseiras.

O Presidente pode comprovar aquela informação pois viu Mando dos Porcos a um canto, de face escondida, a proteger a ferida. Por ali também andavam outras caras conhecidas como Noites Castanheiro, o Oliveirinha da Posta e mais uns quantos mas o Presidente achou por bem chamar a atenção da directora de serviço para outra ala com medo que eles tivessem um ataque histérico ao verem-no. Custava-lhe muito ver aqueles compinchas naquele estado deplorável mas pior seria se lhes dava para começar a fazer escândalo. Nunca se sabe. Agora que estavam naquela de remissão dos pecados tudo era possível.

E aqui, o que temos?, disse o presidente virando-se para o outro lado do corredor.

Casos relativamente estranhos que estão a ser investigados mais a fundo pelos nossos psicólogos.

Não é o Prof. Dr. Mestre Ervas Daninhas?, perguntou o Presidente.

É ele mesmo.

E o que é que se passa com ele?

Bom, o Prof. Dr. Mestre parece ter momentos de lucidez onde é possível estabelecer uma conversa lógica com ele mas depois há outras alturas em que ele parece estar confundido.

Como assim?

Há alturas em que ele não parece ser sequer capaz de responder a perguntas óbvias. Ainda esta manhã o psicólogo que o acompanha lhe fez perguntas simples, nome, idade, morada e concluiu que ele está perturbado. Veja lá que sobre a questão da morada o Prof. Dr. Mestre lhe deu pelo menos uns 4 ou 5 endereços diferentes.

O Presidente pensou que talvez aquele fosse um sinal de que o doente estava a recuperar a olhos vistos mas nem tempo teve de manifestar a sua opinião pois foi imediatamente defrontado com a visão da Presidente da Nação Purgaltense que o reconheceu e lhe começou a gritar coisas incompreensíveis.

Este é um outro caso bicudo, referiu a directora.

Que língua é que ela estava a falar?

Sabe-se lá. Já contratámos um especialista em linguística a ver se nos ajuda. Há momentos em que aquilo soa a purgaltês mas ninguém consegue realmente perceber o que ela diz.

O Presidente retirou-se do *Estádio Béstiale* extremamente desgostoso por ter visto alguns dos seus compinchas naquele estado lastimoso. E pensou novamente em tudo o que a mulher lhe tinha dito. Tinha que tomar uma atitude. Por muito que lhe custasse dar um passo desses.

CAPÍTULO XXVI - Maura desabafa

Assim que viu Maura entrar no café, Manuela pensou que a amiga estava realmente a precisar de uma boa noite de sono. As olheiras estavam bastante pronunciadas e o sorriso, habitualmente largo, tinha-se esbatido.

E então, fizeste o que te disse?

Fiz mas não adiantou nada. Continua tudo na mesma, já para não dizer que está tudo pior, respondeu Maura e suspirou como quem já não tem esperança de que alguma coisa possa mudar.

Mas puseste-lhe na dose que te disse?

Pus, fiz tudo direitinho. Andei a semana toda a pôr-lhe a tal Seiva da Crise na comida e na bebida, acredita, fui mesmo imaginativa. Mas nada, não há meio do homem se purgar...

Mas e diarreia, teve?

E de que maneira. Mas o único efeito da diarreia foi ficar com um humor de merda, passo a expressão. Tu tens a certeza que isso é eficaz?

Então não havia de ter? O meu primo Azevedo é o responsável pela produção e eles já sabem que é a seiva que está a purgar o povo. Ele contou-me que houve lá um problema qualquer com o armazenamento da seiva, o que fez alterar os efeitos secundários da mesma e causar estas diarreias diabólicas nas pessoas, pondo-as em muitos casos muito perto de uma situação de quase-morte. O que eles entretanto descobriram é que ter passado por esta experiência de morte iminente conduziu a um efeito de remissão, uma coisa inexplicável.

Pois...mas então não há sintonia entre o que se passa com o povo e o que vai na cabeça do Ministro-Mor.

Manuela pensou que infelizmente aquilo não era novidade nenhuma.

Mas não houve nenhum efeito após a diarreia?

Houve, ele acordou hoje de manhã com a ideia megalómana de criar um imposto adicional sobre o trabalho.

Mas quê, um aumento da taxa de IRS?

Nada disso, um imposto para ser pago por quem tem trabalho.

O quê? Então as pessoas têm que pagar pelo facto de estarem empregadas?

Pois, porque é um bem de luxo.

Maura levou as mãos à cabeça e, enquanto bebia um cálice de vinho do Purgalto, desabafou.

Vivo numa verdadeira esquizofrenia. Estou apaixonada pelo homem, mas não suporto o Ministro-Mor.

De repente o telemóvel de Maura tocou.

Só me faltava mais esta maluca, disse Maura quando verificou que era a primeira-dama que lhe estava a ligar.

Ela está doida?

Se não está, disfarça que é uma maravilha. Convidou-me no outro dia para tomar chá e veio com uma conversa disparatada sobre ter tido um sonho com a N.Sra. do Purgalto que lhe disse que havia extraterrestres na política purgaltense.

Isso já todos sabemos há muito tempo...

Não, não, ela está mesmo convencida que há extraterrestres a governar o Purgalto, que há uma série de políticos que foram possuídos por aliens.

Mas que políticos?

Dois, ao que parece, o Berto Gonçalves é um deles.

Esse até nem me admirava. Mas afinal ela ligou-te porquê?

Porque está convencida que o meu marido é o outro...

Então e o marido dela também não é um *alien*?

Isso foi o que eu lhe perguntei. E ela disse-me que não, que a N.ª Sra. do Purgalto lhe garantiu que ele só é uma besta, mas *alien* não é.

CAPÍTULO XXVII - Uma atitude

Vamos imaginar que temos um amigo muito, mas mesmo muito gordo. Uns 150 Kg de gordo. Suponhamos agora que este nosso amigo tem necessariamente que perder peso, caso contrário corre o risco de contrair uma doença que pode vir a ser fatal. Chegamos agora ao ponto onde o nosso amigo tem duas hipóteses para lidar com a situação, sendo que a primeira é iniciar um regime dietético acompanhado de exercício físico diário que o faça perder peso de forma gradual e saudável, digamos 50 Kg ao longo de um ano, ou uma segunda variante, mais radical, onde reduz o consumo abaixo do mínimo aceitável e incrementa o exercício físico acima do máximo aconselhável para tentar diminuir os mesmos 50 Kg em apenas três meses. Assim de repente, qual seria a solução que te parece mais sensata?

A primeira definitivamente.

Porquê?

Porque a segunda opção é perigosa.

Perigosa porquê?

Porque ao procurar uma solução radical desse género pode fazer colapsar tudo o resto.

Exactamente. Agora imagina que este gordo é o nosso país.

Como?

Sim, imagina que este gordo imenso de que estamos a falar é o nosso país.

Mas o que é que uma coisa tem que ver com a outra?

Tem tudo. Tem absolutamente tudo. Nós estamos a fazer tudo para colapsar o gordo, com o pretexto de que se não o fizermos o gordo colapsa.

O Ministro-Mor não estava a perceber porque é que o Chefe de Estado estava agora a dar uma de nutricionista. Era só o que lhe faltava ter que aturar aquilo, agora que estavam tão bem.

Mas o gordo está bem, o gordo emagreceu.

O gordo não emagreceu, o gordo só emagreceu aparentemente. Mas o gordo ainda tem mais matéria gorda do que anteriormente e agora o gordo tem uma série de disfunções adicionais que não tinha antes.

Mas o país melhorou, o défice diminuiu.

A diminuição do défice é ridícula comparativamente com os novos problemas que o gordo tem que resolver.

Tou bem arranjado, pensou Pegadas Lebre. Será que ninguém era capaz de perceber que ele era um verdadeiro patriota que ia conduzir o país aos anais da história? Nem mesmo o Chefe de Estado era capaz de ver isso?

Sr. Presidente, acabou por dizer, o gordo está bem melhor do que estava antes. O gordo estava à beira do colapso e agora...

...agora tem uma série de problemas adicionais que o podem fazer colapsar a qualquer momento, completou o Chefe de Estado.

Repara bem, continuou, nós obrigámos o gordo a fazer dieta mas continuámos a permitir-lhe excessos. O gordo cortou na carne, no peixe, no arroz mas ainda come bolachas às escondidas. O gordo passa horas no ginásio, supostamente a exercitar-se, mas não acrescenta uma grama de massa muscular. A receita está errada.

Isto tem que ver com aquela coisa que aqueles tipos escreveram?

Não e sim.

É que eu pensei que o Sr. Presidente tinha ficado chateado com isso. Até se livrou dos outros dois e tudo.

E fiz muito bem. Que eu conclua isto, é uma coisa. Que os outros tenham o atrevimento de o fazer é outra muito diferente.

Então qual é a sua preocupação?

São inúmeras. Primeiro a minha mulher sonhou outra vez com a N.Sra. do Purgalto e ela disse-lhe que se nós não resolvermos o problema os nossos amiguinhos que estão a sofrer de *Bestialitis Agudis* vão acabar por morrer todos.

O quê? Morrer?

Sim, é verdade. E a seguir vamos nós.

Nós?

Sim, nós os dois. A N.Sra. do Purgalto revelou-lhe que a única razão pela qual nós fomos poupados a esta razia que está a invadir o nosso país foi para podermos fazer o que está certo.

Mas eu, desde que estou no governo, só faço o que está certo.

És tu e eu. Mas não é isso que a N.Sra. pensa.

Com o devido respeito, eu acho que a N.Sra. não tem conhecimento nem de economia nem de política para se pôr para aí a opinar.

A divindade pode sempre opinar sobre tudo.

Sim, mas é preciso ver que o país estava à beira do colapso. Era preciso fazer alguma coisa drástica. Não há milagres, não é?

A N. Sra. sabe por experiência própria que os há.

O Ministro-Mor fez uma cara feiosa, como quem não tivesse achado muita graça à piada.

Deixa-me continuar a explicar-te porque é que nós temos que agir de outra forma. Como te referi, tenho inúmeras preocupações. A primeira foi esta que expus. A segunda tem a ver com o *Manifesto do Alecrim*.

Qual *Manifesto do Alecrim*?

É uma espécie de abaixo-assinado de 7 milhões de purgaltenses.

7 milhões?

7 milhões.

Mas que é isso?

É verdadeiramente inexplicável, especialmente tendo em consideração que estamos a falar do Purgalto, onde o povo é calmo, desinteressado e bastante estupidificado pelas novelas e afins. Ainda mais surpreendente é, se pensarmos que há três dias atrás ainda não havia nada.

O quê? O povo conseguiu reunir 7 milhões de assinaturas no espaço de 3 dias?

É verdade.

Como é que isto pode ser possível?

Ao que os meus informadores puderam apurar, tudo começou no Café Central de Fijecas de Baixo.

Outra vez Fijecas de Baixo? Essa terriola só provoca distúrbios.

É um facto. Esses gajos fijequenses têm provocado o descalabro no nosso país. Eu até já me lembrei...

O Presidente hesitou e não chegou a completar a frase.

Lembrou-se de quê?

Foi um ideia que me passou pela cabeça há dias mas esquece.

Diga lá, homem. Nós não temos segredos um para o outro.

Eu até já me tinha lembrado se não podíamos vender Fijecas de Baixo ao Putinho.

Isso é uma óptima ideia.

Pois, talvez tivesse sido, mas agora já não dá.

Não dá porquê?

Por causa do que te vou contar sobre o tal *Manifesto do Alecrim*. Como te dizia, tudo começou no Café Central de Fijecas de Baixo. É uma espécie de "Cheers" purgaltense, onde os amigos se juntam ao fim do dia para beber o cafézito e passar um bocado de tempo. Pelos vistos, na passada segunda-feira, a coisa correu de forma diferente do habitual. Um tal de Ambrósio Marques chegou ao café, como de costume, por volta das 20h30m. Começou por entrar e dizer alto e bom som que era uma besta, ao que todos riram por ser a piada nacional do momento. Depois ninguém sabe explicar muito bem o que sucedeu. As conversas banais que normalmente ocupavam aqueles serões deram lugar a uma espécie de tertúlia sobre o que fazer para sair da situação caótica em que nos encontramos. O povo estava tão empenhado em fazer efectivamente algo em prol do país que por volta das 21h30m já havia mais de mil pessoas à volta do café, que é quase a totalidade da população de Fijecas de Baixo. Por lá também estava o Aurélio Guilhião, aquele tipo que foi ministro da economia por três meses ou coisa do género. Foi ele quem sugeriu que documentassem todas as ideias que tinham sido alvitradas naquela noite e foi assim que surgiu o *Manifesto do Alecrim*. Nessa mesma noite o filho do tal Ambrósio fez circular o documento pelas redes sociais e alguém deu a ideia que se recolhessem assinaturas para legitimar o mesmo. Foi o que fizeram e angariaram neste curto espaço de tempo 7 milhões.

Mas quem é esse tal de Ambrósio Marques?

Não é ninguém.

Não está ligado a partido nenhum, não é maçonico, militar, nada?

Absolutamente nada.

E como é que esse Zé Ninguém pode desencadear uma trapalhada destas?

Aí é que está o problema. Não foi ele. Foram todos em conjunto. O problema está no povo em geral. Não é o Zé, nem o Quim, nem o Chico. São todos. As pessoas estão diferentes.

Mas isso não pode ser. Ninguém muda assim de repente.

Isto é uma trapalhada tão grande que eu até fui buscar mais dois psicólogos para o meu grupo de conselheiros.

E o que é que os gajos dizem?

Para já não dizem nada de jeito mas estão a investigar o que é pode estar na base desta loucura agora do *Manifesto do Alecrim*.

Mas porquê alecrim?

Pelo significado do mesmo.

Qual significado?

O alecrim simboliza coragem e fidelidade. Coragem do povo para exigir um país melhor e fidelidade, em primeiro lugar, à Nação. Para além disso o alecrim é robusto e as pessoas entenderam que era preciso um símbolo de força para representar o significado do Manifesto.

O Ministro-Mor olhou para o presidente como se não percebesse o alcance daquelas palavras.

O povo estará maluco?

Aparentemente está até muito lúcido. Finalmente perceberam que quem tem o verdadeiro poder são eles.

Poder?

Não é preciso ser um génio em matemática para concluir que 7 milhões é bastante mais do que o número de votantes de qualquer um dos actos eleitorais democráticos que alguma vez se fizeram no Purgalto.

Isso é ridículo, o que conta são as eleições. Nem que tivessem recolhido assinaturas de todos os purgaltenses, de Norte a Sul, não lhes servia de nada.

Tu compreendes que oficialmente nós ainda vivemos num Estado Democrático.

Um Estado Democrático regido por actos eleitorais.

Mas o que são os actos eleitorais senão manifestações da vontade do povo? Haverá maior manifestação do que um documento no qual 7 milhões de pessoas se revêm?

Isso não pode ser.

Pode ser, pode. O povo mudou. É inexplicável e francamente até parece um milagre, tendo em consideração os esforços que todos temos feito para manter o povaréu incauto e domesticável.

Era pôr-lhes uma acção em tribunal e acabar com a palhaçada.

Tu queres pôr uma acção em tribunal contra 7 milhões de pessoas por terem feito uso de um direito que lhes assiste, o da liberdade de expressão?

Isto não é uma coisa normal, é apenas o que eu digo. E é até um acto antipatriótico tendo em consideração que nós nos vamos desenrascar brevemente.

O facto de nós podermos vir a deixar de estar sob a intervenção da equipa R.A.S.C.A. não retira legitimidade a este documento. O povo é livre de se manifestar seja em que altura for.

Quer dizer que o Sr. Presidente pretende tolerar esta insubordinação que nos pode inclusivamente prejudicar gravemente perante os nossos parceiros internacionais?

Mas qual insubordinação? Não houve violência, violação da lei ou o que quer que seja nesse sentido. Não há fundamento para reagir contra isto.

Concerteza que temos que reagir contra isto, a bem do país.

Podes explicar-me, por favor, que conceito é que tu tens do termo *país*?

Como assim?

O que é o país para ti?

Mas que pergunta é essa, Sr. Presidente. O país somos nós.

Pois, precisamente, o país são os purgaltenses. E 7 milhões deles querem implementar o *Manifesto do Alecrim*.

7 milhões deles estão enganados.

E porquê?

Porque estamos a falar de um documento subversivo.

Mas tu nem sequer leste o documento.

Nem preciso de o fazer. Eu já sei o que lá vai estar escrito. Mais balelas sobre reestruturar a dívida e disparates semelhantes. Não me diga que é isso que o Sr. Presidente quer. O Sr. Presidente não quer pagar a dívida?

Não, nós não podemos ir por esse caminho. Agora já é tarde demais para isso.

Então o que é que pretende?

Podemos corrigir o que está mal, podemos tentar voltar a alimentar o gordo de forma saudável, cortar-lhe os maus hábitos e pô-lo no bom caminho.

E ele a dar-lhe com o gordo, pensou Pegadas Lebre.

Eu não percebo a sua ideia, Sr. Presidente, acabou por proferir.

A minha ideia é que nós temos de agir em consonância. Ou muito me engano, o que como muito bem sabes raramente acontece, ou nos próximos dias este país vai entrar numa nova era. Uma era onde o povo participa activamente na política e não deixa os destinos do país por mãos alheias. A minha ideia é que vás para casa, leias o documento e te prepares para executar num breve espaço de tempo algumas das exigências do mesmo.

Portanto a sua ideia é que passemos a andar ao mando do povo, Sr. Presidente?

CAPÍTULO XXVIII - Manifesto do Alecrim

Pegadas Lebre foi para casa a pensar que tinha que salvar o país dos purgaltenses e daquele Chefe de Estado que parecia a reencarnação da Madalena arrependida. A única diferença entre os dois é que tanto quanto se sabe a Madalena era bela, enquanto que o Presidente tinha cara de quem estava a sofrer de prisão de ventre há pelo menos 30 anos.

Era o que havia de faltar o povo vir agora com disparates daqueles correndo o risco de arruinar a boa reputação que ele tinha conseguido angariar lá fora. A tia Angelina adorava-o. Quando estavam a sós ela tratava-o bem mais informalmente do que em público e até lhe tinha dado o nickname de Bobby. Que mulher, pensou. Havia qualquer coisa naqueles olhos dela que o deixavam fora de si. Ou isso ou então eram aqueles fatos de *haute couture* que ela usava que o perturbavam. Em qualquer caso, tratava-se de uma paixoneta absolutamente platónica.

Aquele disparate do povo era absolutamente despropositado, ainda por cima agora que estavam tão limpinhos.

Pegadas Lebre perguntou-se quando é que aquela história do *Alecrim* chegaria à comunicação social. Era coisa para estoirar a qualquer momento. Aliás, de admirar era que ainda não tivesse vindo a lume.

Estava a tornar-se insustentável governar um país como o Purgalto. Mesmo para um homem de fibra como ele era, consequente, determinado e com um objectivo muito claro, era difícil prosseguir naquela tarefa. O seu governo nunca tinha tido fases fáceis, mas desde há uns meses para cá andava tudo realmente de pernas para o ar.

Desde o momento em que aquele perfeito anormal lá de Fijecas de Baixo tinha lançado no mercado a maldita da Seiva da Crise.

Pegadas Lebre entrou em casa e ficou contente por perceber que estava sozinho. Assim podia ler com toda a calma a cópia do *Manifesto do Alecrim* que o Presidente lhe tinha dado.

Sentou-se e, embora duvidando que algo de positivo pudesse sair daquelas três páginas de conteúdo, iniciou a leitura.

MANIFESTO DO ALECRIM

Há um ditado antigo que diz que cada pai tem o filho que merece. Talvez possamos extrapolar esta afirmação para a actual situação do nosso país. Será que os purgaltenses têm realmente o governo que merecem, será que têm o nível de corrupção que, com toda a justiça lhes é devido, tendo em conta as suas práticas e atitudes?

Neste momento encontram-se no Café Central de Fijecas de Baixo à volta de duzentas pessoas que sem grande hesitação respondem a estas perguntas com um monossilábico "sim". Mas se existe uma clareza bastante firme nesta resposta, não é menos exacto que as mesmas duzentas pessoas se tenham mostrado insatisfeitas com este facto evidente e queiram mudá-lo.

Consideremos este um documento feito pelo purgaltense comum. Esta não é a visão de um grupo de amigos ou conhecidos que se juntaram um dia à noite num café e resolveram escrever o que lhes passou pela cabeça. Não, este documento é bem mais abrangente, é a súmula de uma série de ideias partilhadas entre estranhos, unidos por uma interrogação comum: a que futuro podemos nós, enquanto povo, aspirar? O que espera os nossos filhos? Que legado deixaremos nós às gerações vindouras, as mesmas que um dia estudarão os grandes feitos dos nossos antepassados mas não verão nada de grandioso na nossa era.

Este é o documento que sistematiza o pensamento de muitas pessoas, entre amigos e estranhos que se encontraram um dia num café comum num país relativamente incomum e começaram a pensar sobre a vida que têm.

Se merecemos a classe política e o descalabro de país que temos? Muito provavelmente, sim. Se queremos continuar pelo mesmo caminho? Não, não queremos.

Optámos por baptizar o documento de Manifesto do Alecrim. Alguém no meio de todos os anónimos lembrou-se que o alecrim tem a característica de nascer espontaneamente sem ser semeado. Foi um pouco o que aconteceu aqui. Foi da espontaneidade inesperada de muitos que este documento nasceu.

Primeiro Ponto: TOMAR PARTIDO

A hipótese de criar uma espécie de anarquia eleitoral, provocando uma onda de abstenção, ainda maior do que aquela a que temos assistido nos últimos anos, não é alternativa viável. Que bem pode advir duma situação na qual a grande maioria dos cidadãos não participa no acto eleitoral? A nosso ver pouco. Não têm as taxas de abstenção sido ridiculamente altas nos últimos anos? Sem dúvida. Em sequência deste facto, assistiu-se em alguma altura a melhorias nas políticas praticadas (quer oposição, quer governo) no sentido de diminuir esta tendência? De forma alguma. Concluemos pois que a ausência de tomada de posição no acto eleitoral não pode ter efeitos benéficos. Antes pelo contrário, conduz à percepção de que existe uma indiferença massiva na sociedade no que diz respeito aos destinos do país. Coisa perigosa pois desresponsabiliza todos os políticos.

Tomemos pois nas nossas mãos o futuro do Purgalto, decidamos em quem votar e intervenhamos na composição dos partidos políticos. Por outras palvavras, filiemo-nos. Os partidos actualmente são constituídos por um número relativamente reduzido de militantes. Pode pensar-se que um anónimo que se filie num partido pouca diferença fará. Muitos anónimos podem fazer, no entanto, uma diferença considerável e, em última instância, melhorar substancialmente a qualidade dos líderes escolhidos.

Segundo Ponto: Escolher realmente quem nos governa

O sistema actual, em particular no que concerna às eleições legislativas, tem de ser ajustado. Não é suficiente que os purgaltenses escolham um partido e consequentemente um Ministro-Mor. É necessário que os purgaltenses decidam também sobre os elementos que vão constituir a Assembleia da Nação. Só assim há realmente uma representatividade do povo purgaltense na Assembleia. Doutra forma continuamos na mesma situação que se vive hoje, deputados escolhidos pelo Presidente do Partido e pelas Concelhias que detém muito poder a nível nacional e pouca ou nenhuma identificação entre os deputados e o povo purgaltense.

Terceiro Ponto: Justiça digna do nome.

Não há outra forma de o dizer: a justiça do Purgalto é absolutamente inadequada, ou por outras palavras, mete nojo. Desde adiamentos infindáveis de julgamentos até às prescrições sem conta nem fim, esta justiça só serve criminosos de colarinho branco e corruptos a grande escala. Esta é a justiça que condena um homem por roubar ao patrão cinquenta cêntimos mas deixa impunes banqueiros, gestores e políticos que saquearam uma sociedade inteira em milhões.

Um problema que só se acaba quando deixarmos de aceitar a promiscuidade legislativa que se vive em plena Assembleia da Nação Purgaltense, um bordel onde se legitimam esquemas convenientemente elaborados e aprovados por gente que joga em várias frentes e a seu bel-prazer.

Em primeiro lugar, acabe-se com os cargos acumulados. Um deputado que passa o dia a defender o interesse colectivo não pode à noite sentar-se no seu escritório a elaborar formas de proteger interesses privados que colidem com o bem da Nação. Parece ser um requisito óbvio. A profissão de deputado deve bastar a quem a exerce. Deve ser bem remunerada, propondo-se inclusivamente que existam prémios atribuídos em função dos resultados anuais obtidos, tal como acontece comummente numa empresa privada (este controlo deve obedecer a critérios definidos à partida sobre indicadores do maior interesse nacional - PIB, PNB, taxa de desemprego, nível de pobreza etc.- e deverá ser feito por uma entidade idónea, como é por exemplo o Tribunal de Contas). Entendemos que esta profissão deve ser respeitável, por isso, da mesma forma que defendemos que existam vantagens adicionais para os deputados que seriamente se debatem pelo bem nacional, também é nossa convicção que se deve acabar com actuais benesses que em nada contribuem para a boa qualidade dos recursos que pululam pela Assembleia da Nação Purgaltense. Estamos a referir-nos a casos muito concretos de subsídios que não têm razão de ser e reformas auferidas ao fim de dois ou três mandatos.

Em segundo lugar é necessário que a lei seja efectiva. Neste sentido:

1. inclua-se a figura do Enriquecimento Ilícito na lei, inclusivamente com efeitos retroactivos, e componha-se um texto de lei que permita realmente que haja condenações.

2. acabe-se com a figura da Prescrição, em particular em casos de lesa-pátria. Tendo em consideração a vergonha a que o país tem assistido nos últimos tempos no que a este tema diz respeito, exige-se que também neste caso sejam feitas correções retroactivas. Nenhuma Nação que se queira de bem pode admitir que criminosos saiam impunes por questões de forma.

3. corrijam-se falhas inacreditáveis do sistema legal, como sejam os julgamentos ridículos ou a ausência deles. Veja-se o caso do Banco N, um dos mais degradantes exemplos do nível pútrido a que chegou o Sistema Legal Purgaltense.

<u>Quarto Ponto: Acabar com contratos leoninos que lesam a Nação.</u>

Os contratos leoninos efectuados ao abrigo das Parcerias Palermo-Purgaltenses têm de acabar. Se há argumentos legais que impedem que isto se faça eles têm que ser ultrapassados a bem do futuro da Nação. Se é possível condenar uma Nação inteira a piores condições de vida, ao corte de direitos adquiridos e manhosamente constitucionais, também tem de ser possível acabar com contratos ridículos com empresas que em nada servem o interesse nacional e que são um verdadeiro cancro no equilíbrio financeiro do Estado Purgaltense. Poderá argumentar-se que fazer isto conduz a uma situação ainda mais negativa pois estas grandes empresas protegidas suportam muito nível de emprego. A isso respondemos que nenhuma Nação que queira ter uma estrutura económica e financeira saudável pode compactuar com a situação actual. É o mesmo que um pai ou uma mãe permitir a um filho mimado que perpetue as suas birrinhas sem o obrigar a mudar-se. A médio prazo este comportamento vai dar asneira. Tal como é o caso de alguns destes supostos gigantes económicos que são um cancro para o Purgalto.

Outro aspecto a sanar são as importantes benesses fiscais dadas a Fundações. Se há algumas que efectivamente merecem essas vantagens pelo importante trabalho realizado a nível social e cultural, outras há que são meros instrumentos de evasão fiscal.

<u>Quinto Ponto: Crescimento Económico.</u>

A única saída do lamaçal endividado em que nos encontramos é crescer. O que o povo purgaltense quer ver é a determinação do governo concentrada em criar condições para que novas empresas se instalem no país. Determinação não parece faltar ao nosso governo, infelizmente até ao momento apenas dirigida para a criação de impostos. Que se use essa determinação, não para empobrecer a sociedade purgaltense até níveis abaixo da dignidade humana, mas para a fazer crescer. Onde estão as medidas que atraem investidores externos, medidas que permitam criar empresas de forma simples e célere sem burocracias estupidificantes, medidas que beneficiem empresas externas e nacionais com impostos mais reduzidos, tendo como contrapartida a criação de emprego, etc.?

Aproveitem-se as estruturas existentes por todo o mundo (Embaixadas e Postos Consulares) para estabelecer contactos realmente relevantes entre empresas estrangeiras e o Purgalto. Será talvez uma boa altura para que os responsáveis destas instituições passem menos tempo em comezainas e bailaricos locais e se concentrem em actividades que se revistam em valor efectivo para o nosso Purgalto.

Finalmente, é necessário acabar, senão a curto, pelo menos a médio-prazo, com a mentalidade de sempre de que o Estado deve ser uma fonte inesgotável de criação de emprego, dada a sua função social. O Estado tem de criar trabalho, sim. Médicos, professores, funcionários que assegurem o bom funcionamento dos serviços públicos, necessários à sociedade. No entanto, a função do Estado não é andar a dar subsídios disfarçados sob a forma de emprego, permitindo, por exemplo, que as Autarquias multipliquem postos de trabalho absolutamente vazios de conteúdo, em nome de interesses individuais. Não sabemos se é preciso gastar menos com o funcionalismo público, é preciso é gastar melhor. É preciso tornar estes investimentos num ciclo virtuoso, melhor educação, melhor saúde, mais segurança, menos burocracia para tornar as repartições públicas mais expeditas.

Os Institutos e outras Entidades Públicas que se multiplicaram como cogumelos ao longo dos anos e que em nada contribuem, nem para o bem-estar da sociedade purgaltense, nem para o desenvolvimento do tecido empresarial do país, têm de ser extintos.

O Estado tem sim, a obrigação de criar as condições necessárias para que a iniciativa privada exista em abundância e crie postos de trabalho. E o que entendemos por "iniciativa privada" é muito mais abrangente do que grandes grupos económicos purgaltenses. Estamos a falar também de Pequenas e Médias Empresas, que são o motor de muitos casos de sucesso de vários países da nossa região. É preciso que os purgaltenses, que aliás são reconhecidos no mercado externo como excelentes recursos, sejam cada vez mais empreendedores.

<u>*Sexto Ponto: Fazer valer o nosso país na região à qual pertencemos.*</u>

Por muito que queiremos acreditar que os comissários eleitos para representar o Purgalto na Euroconha andam a fazer alguma coisa em prol do desenvolvimento económico do país os factos acabam por nos demonstrar o contrário.

Sim, é verdade que o Purgalto beneficiou de uma série de fundos económicos que supostamente nos iam ajudar a crescer muito. Mas em quê? O que é que tem acontecido às actividades económicas que são a base da economia de um país? Agricultura? Indústria? São palavras que qualquer dia deixam de fazer parte dos dicionários purgaltenses, pois é coisa que não existe mais neste país. Fomo-nos tornando cada vez mais num país de serviços e parece ser claro para todos nós que, a troco de alguns subsídios, estamos dispostos a chacinar qualquer tipo de actividade produtiva nacional.

Veja-se bem o que se passa em países do centro da região à qual pertencemos. A representatividade de produtos purgaltenses nesses países é praticamente inexistente. Mesmo produtos de grande consumo onde supostamente somos muito bem-sucedidos em termos de exportações, como é o caso por exemplo dos vinhos, raramente se encontram em supermercados ou lojas da especialidade desses países. Encontram-se sim nas lojas purgaltenses que existem no exterior. Sendo assim, colocamo-nos a questão se andamos realmente a exportar ou se apenas nos limitamos a vender a nacionais lá fora. Por outro lado, os supermercados no Purgalto estão invadidos por produtos estrangeiros!

Podemos alegar que é tudo uma questão de competitividade. Não é só, certamente.

A solução deste problema passa, sem dúvida, por uma questão de consciencialização nacional. Comprar produtos purgaltenses, que em muitos casos têm uma qualidade superior aos estrangeiros, deveria ser uma prioridade para cada um de nós. Se nós nem sequer somos capazes de impedir esta invasão de produtos estrangeiros de grande consumo como é que podemos aspirar a que os nossos produtos nacionais algum dia possam ter representação lá fora?

Mas a solução passará também por uma maior afirmação do nosso país junto dos nossos parceiros. Queremos ver medidas neste sentido.

Por outro lado, o Purgalto é um país com condicionalismos naturais únicos: costa, mar, vento etc. Num contexto nacional em que precisamos de crescer porque é que não somos capazes de fazer valer mais estes recursos na Euroconha, chamando ao nosso país mais investimento nestas áreas e afirmando-nos como um fornecedor importante em áreas fundamentais e basilares.

Há muito por onde melhorar no que se refere ao nosso papel dentro da região a que pertencemos e o povo purgaltense gostava de ver o séquito de comissários que elegemos para o Parlamento da Região a trabalhar nesse sentido.

<u>*Sétimo Ponto: Alavancar em vantagens exclusivas.*</u>

Temos um país riquíssimo numa série de aspectos dos quais poderíamos tirar melhor partido:

1. Turismo: se é verdade que é uma actividade económica relevante para o Purgalto, não é menos verdade que podíamos fazer muito melhor na promoção do nosso país no estrangeiro. Porque é que não somos um destino de excelência da nossa região, e até mesmo a nível mundial, quando temos um país que deixa os turistas fascinados e fidelizados? Porque que é que temos um Marketing de Promoção Nacional que é uma anedota comparado com o de outros países? Porque é que as Representações Internacionais do Turismo Purgaltense são uma espécie de mortos-vivos que, na maior parte dos casos, se limitam à política da distribuição do panfleto e pouco mais fazem pelo Purgalto? É preciso mudar isto e ser mais dinâmico.

2. Língua: a língua purgaltense reveste-se de importância para a Chinoconha. Em vez de andarmos a vender o país ao desbarato a esses senhores, porque é que não alavancamos neste facto e trazemos mais crescimento ao nosso país, criando, por exemplo, ofertas vocacionadas para este mercado?

Pegadas Lebre não conseguia ler nem mais uma linha, tirou os óculos, suspirou bem fundo e pensou que havia 7 milhões de idiotas no Purgalto.

CAPÍTULO XXIX - E.T.

Quando a secretária do Vice Ministro-Mor recebeu aquele telefonema matinal pensou que afinal a epidemia estranha que andava a atingir o país, e muito particularmente o Parlamento, ainda não estava totalmente estancada. Passava pouco das sete da manhã quando o telemóvel tinha tocado e aquele diálogo estranho tinha tido lugar.

Está?

Bom dia Sr. Doutor, como está?

Não sei muito bem...Você conhece-me?

Sr. Doutor?

Quem é você? Você é jornalista?

Eu não sou, não, Sr. Dr.

Nós trabalhamos juntos?

Está tudo bem Sr. Dr.?

Nós trabalhamos juntos no jornal?

Qual jornal, Sr. Dr.?

Ora essa, no meu.

No seu? No seu jornal? Mas...

Eu estou num verdadeiro pesadelo, eu nem sei muito bem onde estou, não reconheço este sítio.

Deve estar em casa, Sr. Dr. Está a ligar-me do seu número de casa.

Esta é a minha casa? Você sabe onde eu moro?

Sim, Sr. Dr., claro que sei.

Venha cá ter, eu não me sinto bem.

Muito bem Sr. Dr., eu vou já.

Passados vinte minutos estava a eficiente secretária a tocar à campainha de um prédio no centro da capital. A porta abriu-se e por detrás apareceu um Vice Ministro-Mor visivelmente transtornado e com uns olhitos assustados.

Foi consigo que eu falei ao telefone?, perguntou ele desconfiado.

Claro que foi, Sr. Dr. Não se lembra?

Eu lembro-me mas não lhe conhecia a cara.

Como? Está tudo bem, Sr. Dr.?

Não, está tudo uma confusão. Eu não sei onde estou nem o que aconteceu.

É capaz de ser uma reacção a todos estes episódios lamentáveis que têm ocorrido nas últimas semanas. Isto tem sido uma grande pressão para toda a gente e muito particularmente para si. Ainda ontem falávamos os dois sobre isso, lembra-se?

Não, precisamente esse é o problema. Eu não me lembro. Eu nem sequer sei quem você é. Está tudo errado. Acordei hoje de manhã e está tudo virado de pernas para o ar. Vejo-me ao espelho e parece que envelheci 20 anos. Não reconheço a minha própria casa. Nem estes objectos futuristas que aqui estão. Que raio de coisas são estas que se fartam de vibrar?

São o seu tablet e telemóvel, Sr. Dr.

Isto é um telemóvel? Sem teclas? Como é que se chama a outra coisa? Tablet, foi o que disse? Para que serve isso?

Neste ponto, a secretária começou realmente a ficar bastante preocupada.

Sr. Dr., o senhor lembra-se de ter caído ou algo do género? Talvez batido com a cabeça em algum lado? Dê-me por favor licença de lhe examinar a fronte. Não há qualquer sinal de concussão.

Eu não me lembro de ter batido com a cabeça em lado nenhum. Nem fiz nada de extraordinário. Saí do jornal e vim para casa.

Mas qual jornal, Sr. Dr.?

O meu, ora essa.

Sr. Dr. eu peço-lhe desculpa mas o seu jornal já não existe há uma data de anos.

O quê, você está doida? Ainda ontem eu saí de lá, aliás bastante irritado por causa daquela história da sopa fria do outro.

Do Prof.?

Sim. Irritou-me profundamente. Que homem sem princípios.

Essa é a última memória que o Sr. Dr. tem? Vamos lá com calma, porque aqui há uma confusão qualquer. O Sr. Dr. não se lembra de nada relacionado com a sua vida política?

Vida política, eu? Você está a brincar comigo? Afinal quem é que está perturbado aqui? Eu ou você?

O Sr. já viu as notícias hoje de manhã?

Isso é outra coisa. Onde raio pára a minha televisão?

Está aqui, Sr. Dr.

Essa coisa espalmada é uma televisão?

Há uma peça sobre si nas notícias de hoje. Vamos ver.

O que se seguiu não foi agradável. Praguejos, risos histéricos e por fim, uma chinfrineira que só terninou com a chegada dos paramédicos.

O diagnóstico que o médico do hospital fez foi conclusivo: ataque de nervos provocado por um confronto com a realidade, após recuperação abrupta da memória perdida ao longo de vários anos. Em estado de choque que poderá ser irreversível. E irrevogável.

Epílogo

Veredicto: inocente.

Noémia tinha sido brilhante no julgamento do caso do Eng. Rodolfo, no qual conseguiu provar que este estava absolutamente demente quando iniciou a produção daquela seiva catastrófica que tinha provocado aquela hecatombe a nível nacional. Facto que o tornava inimputável aos olhos da lei. O historial de uma certa loucura à qual a família Guilhião estava associada (um avô que nos últimos anos de vida se tinha refugiado num tugúrio para viver isolado de tudo e de todos e um tio que tinha estado internado três anos consecutivos nos *Dias Felizes*) foi determinante para fazer prova de que a insanidade corria no sangue dos Guilhiões há várias gerações.

Quando Odete e Rodolfo chegaram a casa depois do tribunal, aquela mostrava-se apreensiva.

Há uma coisa que tenho de te dizer dizer o quanto antes, disse Odete. Eu era culpada.

Rodolfo retorquiu.

Há uma coisa que tu precisas de saber o quanto antes. Eu não sou nem nunca fui demente.

Eu sei, mas o que nos une - sermos, na verdade, os dois culpados - não nos faz pertencer à mesma laia. Eu nunca fui como tu és nem como a Noémia foi no início da carreira dela. Eu nunca quis saber do bem comum nem tive ideais nem quis lutar por um mundo melhor. Eu inscrevi-me no Partido Rosa Desbotado porque vi nisso uma oportunidade de carreira, de subir na vida, singrar sem ter de me dar ao trabalho de saber fazer o que quer que fosse.

Queres dizer que é aqui que nos separamos?

Vês outra solução?

Eu não sei se consigo estar com alguém que não partilhe os mesmos valores morais que eu.

Pela minha parte, eu sei que não consigo estar com alguém que merece bem melhor que eu.

Quando ela se preparava para fechar a porta atrás de si, ele interpelou-a.

Odete?

Sim?

Esta loucura que vai no teu partido é-te favorável?

Muito até.

Quer dizer que já não vais precisar de avançar como independente?

Não, se o meu secretário-geral continuar, como direi, com este problema que tem às costas...

Boa escolha de palavras.

Desejas-me boa sorte? Mesmo não votando em mim?

O voto é secreto e além disso até lá muita água há-de correr debaixo da ponte.

É verdade, sim. Talvez um dia eu venha a merecer o teu voto.

Ele sorriu ligeiramente e ela fechou a porta devagar sem dizer mais nada.

******

Maura, eu desisto.

A mulher pensou que tinha sonhado quando ouviu tais palavras serem pronunciadas pela boca do marido.

Desistes? Desistes, como?

Vou demitir-me.

Vais mesmo?

Ela tinha-se esforçado por dar à voz um tom de preocupação mas no fundo aquela notícia deixava-a contente e, principalmente, aliviada.

Não consigo mais. O Silva acabou de me ligar para me dizer que o Vice afinal, tal como o Berto Gonçalves, era um extraterrestre. Não há condições de sobreviver o tempo que falta para acabar o mandato com um E.T. deste calibre ao meu lado.

Talvez seja pelo melhor, querido. Afinal a primeira-dama tinha razão, coitada. Ela bem dizia que havia mais um *alien* no governo.

Ela tinha razão em tudo. Ela tinha dito ao presidente que aquela gente dos estádios ia começar a morrer aos poucos e também nisso tinha razão. Já há uns quantos que faleceram.

Isso é horrível, querido. Mas...

Eu sei o que estás a pensar, mais uma razão para eu me demitir. Não vá a morte querer bater-me à porta a mim também.

E o presidente, que diz disso?

O presidente desapareceu. Ninguém sabe onde ele anda.

Desapareceu, como?

Tal como o outro, no meio da neblina.

Isto tudo é muito estranho.

Pois é mesmo. Mas agora temos de pensar em nós. Talvez pudéssemos ir para a Africonha. Talvez eu encontre lá um país que possa empobrecer à vontade até ao triunfo orçamental final, não achas?

Acho que sim, querido.

******

Hipólito de Sousa não podia acreditar naquilo que os seus olhos viam. Até teve que chamar o colega que partilhava com ele aquele turno matutino de vigia à Assembleia da Nação Purgaltense para ter a certeza que não estava a sonhar.

Em plena Assembleia, nascido sabe-se lá de onde, estava um alecrim de tamanho considerável.

Isto não é possível, disse o companheiro de Hipólito. Ainda ontem não havia aqui nada. Como é que isto nasceu aqui da noite para o dia?

Isto será bom prenúncio, Fonseca? O que é que você acha?

É capaz de ser, Hipólito.

Ou talvez não.

www.ingramcontent.com/pod-product-compliance
Lightning Source LLC
LaVergne TN
LVHW092356170726
843489LV00001B/218